D1664789

Diplomica Verlag

Alexander Martin

Nachhaltigkeit in der Container Logistik

Wie relevant ist die Nachhaltigkeit
für das Unternehmensimage?

Martin, Alexander: Nachhaltigkeit in der Container Logistik: Wie relevant ist die
Nachhaltigkeit für das Unternehmensimage?, Hamburg, Diplomica Verlag GmbH

ISBN: 978-3-8428-8824-1

© Diplomica Verlag GmbH, Hamburg 2012

Bibliografische Information der Deutschen Nationalbibliothek:

Die Deutsche Nationalbibliothek verzeichnet diese Publikation
in der Deutschen Nationalbibliografie; detaillierte bibliografische
Daten sind im Internet über http://dnb.d-nb.de abrufbar.

Die digitale Ausgabe (eBook-Ausgabe) dieses Titels trägt die
ISBN 978-3-8428-3824-6 und kann über den Handel oder
den Verlag bezogen werden.

Inhaltsverzeichnis

Abbildungsverzeichnis

Abkürzungsverzeichnis

$	Dollar
°	Grad
°C	Grad Celsius
Abb.	Abbildung
a.D.	außer Dienst
bspw.	beispielsweise
ca.	zirka
CH	Schweiz
CO_2	Kohlenstoffdioxid
COMPASS-System	Computerorientierten Methode zur Planung und Ablauf-Steuerung im Seehafen
D	Deutschland
DIN	Deutsches Institut für Normen
EU	Europäische Union
EVU	Eisenbahnverkehrsunternehmen
F	Frankreich
ft	foot (Längenmaß)
g	Gramm
In	inch
ISO	International Organization for Standardization
IT	Information Technology
kWh	Kilowattstunde
Kümos	Küstenmotorschiffe
LKW	Lastkraftwagen
LNG	Liquefied Natural Gas (Flüssiggas)
m	Meter
n	Anzahl
OECD	Organisation for Economic Co-operation and Development
p.a.	per anno
RoRo	Roll-on/Roll-off-Schiffe
t	Tonnen
u.a.	unter anderem
US	United States
Vgl.	Vergleiche
z.B.	zum Beispiel

1 Einleitung

1.1 Ausgangssituation und Zielsetzung

Die neueste OECD-Studie „Umweltausblick bis 2030" beschreibt den Anstieg von Treibhausgasen bis 2030 um 37% und bis 2050 um 52%, was bis zum Jahre 2030 für eine Erhöhung der
Durchschnittstemperaturen um 1,7 bis 2,4 °C verantwortlich sein wird. Dies hat Hitzewellen,
Stürme, Dürreperioden und Überschwemmungen zur Folge. Weitere Folgen für die Umwelt
sind der Rückgang der Artenvielfalt, sowie Wasserknappheit bei gut einem Drittel der
Weltbevölkerung. Der Klimawandel wird durch die Globalisierung, weltweite Ausdehnung
der Industrie, Landwirtschaft und den Ausbau der Infrastruktur hervorgerufen. Die Globalisierung führt zu einem steigenden Aufkommen des Güterverkehrs wodurch die transportbeding-
ten Emissionen zunehmen, vor allem die, welche die Erdatmosphäre schädigen, das CO_2.[1]
Sollten hier keine Maßnahmen ergriffen werden, ist die Gefahr groß, dass die Umwelt und die
natürliche Ressourcenbasis, welche zur Sicherung von Wirtschaftswachstum und Wohlstand
notwendig ist, irreversible Schäden davon tragen. Politische Untätigkeit führt zu hohen
Kosten. Laut OECD-Studie sind die größten ökologischen Probleme der heutigen Zeit zu
bewältigen und finanzierbar. Das Hauptaugenmerk sollte auf die gravierendsten Probleme, die
„Rote Ampel" gerichtet werden.

---

[1] Vgl. http://www.oecd.org/dataoecd/30/41/40203598.pdf; Stand: 15.11.2008

	Grüne Ampel	Gelbe Ampel	Rote Ampel
Klimawandel		Abnahme der Treibhausgas-emissionen je BIP-Einheit	Globale Treibhausgasemissionen Zunehmende Anzeichen sich bereits ändernder Klimaverhältnisse
Biodiversität und erneuerbare natürliche Ressourcen	Waldgebiete im OECD-Raum	Forstwirtschaft Naturschutzgebiete	Ökosystemqualität Artenverlust Gebietsfremde invasive Arten Tropenwälder Illegaler Holzeinschlag Fragmentierung von Ökosystemen
Wasser	Wasserverschmutzung aus Punktquellen im OECD-Raum	Oberflächenwasserqualität und Abwasserentsorgung	Wassermangel Grundwasserqualität Landwirtschaftliche Wassernutzung und -verschmutzung
Luftqualität	SO2- und NO2-Emissionen im OECD-Raum	Feinstaub und bodennahes Ozon Strassenverkehrsemissionen	Luftqualität in städtischen Räumen
Abfälle und chemische Gefahrstoffe	Abfallentsorgung im OECD-Raum FCKW-Emissionen im OECD-Raum	Hausmüllaufkommen FCKW-Emissionen in Entwicklungsländern	Entsorgung und Transport gefährlicher Abfälle Abfallentsorgung in Entwicklungs-ländern Chemikalien in Umwelt und Produkten

LEGENDE: Grüne Ampel = Gut bewältigte Umweltprobleme bzw. Bereiche, in denen in den letzten Jahren beträchtliche Verbesserungen erzielt wurden, bei denen aber weiter Wachsamkeit geboten ist. Gelbe Ampel = Umweltprobleme, die weiterhin eine Herausforderung darstellen, bei deren Bewältigung aber Verbesserungen erzielt wurden, bei denen die Situation derzeit unklar ist oder die in der Vergangenheit gut, in jüngster Zeit aber weniger gut bewältigt wurden. Rote Ampel = Umweltprobleme, die nicht gut bewältigt werden, bei denen die Situation schlecht ist oder sich verschlimmert und bei denen dringender Handlungsbedarf besteht. Soweit nicht anders erwähnt, handelt es sich um globale Trends.

Abbildung 1: OECD-Umweltausblick bis 2030
Quelle: OECD-Umweltausblick bis 2030, 2008, S.2

Hier ist sofortiges Handeln unabdingbar. Ein einfaches Beispiel ist eine LKW-Fahrerschulung zur Einsparung von Treibstoff. Dies ist eine von vielen Möglichkeiten für ein umweltfreundliches Verhalten. Durch notwendige Maßnahmen der Politik und mit Hilfe der zur Verfügung stehenden Technologien sind diese Herausforderungen zu bewältigen. Ehrgeizige Politikänderungen durchzuführen, bieten derzeit eine echte Chance, den ökologischen Hauptproblemen zu begegnen und die Entwicklung nachhaltig zu fördern. Schon heute müssen große Investitionsentscheidungen getroffen werden um ökologische Zukunftschancen zu verbessern. Beispiele hierfür sind *„Energienutzungsformen, Verkehrsinfrastrukturen und Baustrukturen welche auf Jahrzehnte hinaus festgeschrieben werden."*[2] Das Kyoto-Protokoll aus dem Jahre 1990 sieht eine Senkung der Treibhausemissionen um 8 % bis Ende 2012 vor. Über 2012 hinaus, haben die EU-Länder sich dazu verpflichtet, die Treibhausgase bis 2020 um 20% zu

---

[2] OECD-Umweltausblick bis 2030, 2008, S.5

senken.[3] Hierzu zieht die Politik ehrgeizige Umweltschutzmaßnahmen in Betracht, welche wirtschaftliche Effizienzsteigerungen erzielen und die Gesundheitskosten senken sollen. Die Nutzeffekte bei diesen ökologischen Herausforderungen, sollten auf lange Sicht hin größer sein, als die daraus resultierenden Kosten.[4] Vor allem die großen Unternehmen rücken in Bezug auf Nachhaltigkeit und Umweltschutz immer weiter in den Blickpunkt, da diese vermehrt im Blickpunkt der Öffentlichkeit stehen. Die öffentliche Meinung fordert immer mehr umweltfreundliche Produkte und Dienstleistungen. Die weltweit größte Emittenten Gruppe von CO_2, ist die Logistikbranche mit dem Verkehrssektor. Logistikverantwortliche werden zukünftig vermehrt in die Pflicht genommen, um die Schadstoffemissionen im Logistiknetzwerk und in den Logistikketten zu reduzieren. Die Logistik ist durch den Fortschritt in der Technologie, dem Trend der Kunden nach höherem Umweltbewusstsein, durch verschärfte Umweltgesetze und durch die ständig steigenden Ressourcenpreise, permanenten Veränderungen ausgesetzt, was dazu führt, dass das Thema „Grüne Logistik" immer mehr an Bedeutung gewinnt. Kriege und Unruhen, wie zuletzt im Nahen Osten, führen zu steigenden Preisen für fossile Brennstoffe, was bei den Menschen zu Versorgungsängsten führt. Logistikunternehmen müssen sich immer öfter mit folgenden Fragen beschäftigen:[5] *„Kann eine nachhaltige und ökologische orientierte Strategie in der Logistik zu einem ökonomischen Erfolg führen? Gibt es dort einen Zielkonflikt und wie kann man beide Ziele in Einklang bringen? Welche Methoden gibt es, um die Umweltfreundlichkeit eines Logistikunternehmens zu messen? Ist an dieser Stelle der CO_2-Fußabdruck ein geeigneter Indikator für Nachhaltigkeit?"*[6] Emissionen können natürlichen Ursprungs sein oder werden vom Menschen verursacht. Beispiele für Emittenten natürlichen Ursprungs sind bspw. Vulkanausbrüche (Schwefeldioxid), Rinder (Methangas) oder Gesteine die Radioaktivität absondern. Neben all den natürlichen Emissionen, kommen noch die von Menschen verursachten Emissionen hinzu.[7] Die Menschen haben in vielen Jahrzehnten die saubere Luft nicht als knappe Ressource betrachtet und auch nicht so behandelt. Dies hat jetzt dazu geführt, dass das Selbstreinigungspotential der Erde überfordert ist. Sicher ist, dass sich die Nachhaltigkeit nur verbessern lässt, wenn:

---

[3] Vgl. dena – Deutsche Energie-Agentur, http://www.thema-energie.de/energie-im-ueberblick/klimawandel-klimaschutz/klimaschutz/klimarahmenkonvention-und-kyoto-protokoll.html; 15.06.2012
[4] Vgl. OECD-Umweltausblick bis 2030, 2008, S.2
[5] Vgl. Hartig B., Der CO_2-Fußabdruck als Indikator für ein nachhaltiges Logistikmanagement, 2010, S. 1ff.
[6] Hartig B., Der CO_2-Fußabdruck als Indikator für ein nachhaltiges Logistikmanagement, 2010, S. 1f.
[7] Vgl. Wikipedia, http://de.wikipedia.org/wiki/Emission_%28Umwelt%29, Diese Seite wurde zuletzt am 1. Februar 2012 um 10:38 Uhr geändert

„a)   *der Staat – etwa durch die Ausgabe von Emissionszertifikaten – als eine Art Ersatzeigentümer der Umwelt auftritt und knappe Ablagerungskapazitäten für Treibhausgase in der Erdatmosphäre mit Preisen versieht und dabei gleichzeitig deren Nutzung kontingentiert, und wenn"*

„b)   *Unternehmen ihre Logistikmodelle erfolgreich auf die zu Beginn dieses Buches herausgearbeiteten, sich dramatisch verändernden Rahmenbedingungen anpassen und dabei aus wirtschaftlichem Eigeninteresse für mehr Nachhaltigkeit sorgen."*[8]

Die Themen Nachhaltigkeit, „Grüne Logistik" und Umweltschutz gewinnen in der heutigen Zeit immer mehr an Bedeutung. Die Gefahr des Klimawandels ist inzwischen allgemein bekannt und die Wirtschaft ist sich ihrer Verantwortung durchaus bewusst. Es gibt kaum ein deutsches Unternehmen, das noch keine Umweltschutzziele in ihren Unternehmensleitlinien verankert hat. Für die Transportwirtschaft mit ihrem von der weiter zunehmenden internationalen Arbeitsteilung und Globalisierung induzierten starken Wachstum stellt diese Entwicklung eine besondere Herausforderung dar. Während einerseits die Nachfrage nach Transportleistungen weiter mit hohen Zuwachsraten steigt, soll der CO_2-Ausstoß sich nach Möglichkeiten nicht weiter erhöhen, idealerweise sogar abgesenkt werden.[9] Die Betriebswirtschaft ist der Auffassung, dass Umwelt- und Ressourcenschutz mit dem Ziel der Unternehmen, der Gewinnmaximierung, vereinbar ist. Ein negativer Einfluss, für das Ziel der Gewinnmaximierung wird somit ausgeschlossen. Die Unternehmen schließen sich vermehrt dieser Auffassung an, was dazu führt, dass laut einer Umfrage bis zum Jahre 2015 mehr als 70% der Unternehmen mit dem Thema „Grüne Logistik" in Berührung kommen. Da sich dieser Trend fortsetzt, ist die „Grüne Logistik" ein ernstzunehmendes und dauerhaftes Thema und nicht nur eine Modeerscheinung.[10]

[8] Bretzke W.-R., Barkawi K., Nachhaltige Logistik – Antworten auf eine globale Herausforderung, 2010, S.3
[9] Vgl. Spitz B., Kramer J.W., Nachhaltigkeit in der Logistik unter besonderer Betrachtung der Emissionsreduzierung im Güterverkehr, 2012, S.8
[10] Vgl. Keuschen T., Klumpp M., Green Logistics Qualifikation in der Logistikpraxis, 16. April 2011, S.1

1.2 Motivation

Der Begriff der Nachhaltigkeit ist derzeit in aller Munde, sei es in der Politik, in der Wirtschaft, in den Medien und ist somit ein sehr spannendes und interessantes Thema. Ich möchte die Welt für meine Kinder und Enkelkinder lebenswert gestalten. Aus diesem Grund ist es mir sehr wichtig, nachhaltiges Denken und Handeln zu unterstützen und zu fördern. Hierzu möchte ich gerne einen kleinen Beitrag leisten und erhoffe mir durch mein Buch, einen Fuß in die Logistikbranche zu bekommen. In der (Container-) Logistik gibt es noch großen Nachholbedarf in Bezug auf Nachhaltigkeit und den grünen bzw. CO_2-Fußabdruck.

1.3 Methodik und Aufbau des Buches

Insgesamt besteht dieses Buch aus 6 Kapiteln, die sich wie folgt zusammensetzen. Das erste Kapitel gliedert sich in: Ausgangssituation, Zielsetzung und Motivation. Die Ausgangssituation soll einen Überblick wiedergeben, welchen Einfluss der Anstieg von Treibhausgasen auf unsere Natur hat und mit welchen Problemen wir in Zukunft zu kämpfen haben bzw. auch schon heute kämpfen. Bei der Zielsetzung geht es darum, wie und in welchem Zeitraum, die Senkung von Treibhausgasen vorangetrieben werden soll. Eine Abbildung gibt eine Übersicht über gut und schlecht bewältigte Probleme. Im letzten Teil des ersten Kapitels möchte ich kurz und knapp von meiner Motivation berichten, weshalb ich mich für dieses Thema entschieden habe.

Kapitel 2 und 3 stellen die Grundlagen der Studie heraus:

Das zweite Kapitel beschäftigt sich mit den Grundlagen der „Grünen Logistik". Der Begriff der Nachhaltigkeit wird hier erläutert und es wird darauf eingegangen ob und wie Nachhaltigkeit messbar ist. Der zweite Teil dieses Kapitels beschäftigt sich mit dem Begriff des CO^2-Fußabdrucks.

In Kapitel 3 geht es um die Gründe der Containerisierung. Was sind die Vorteile der Containerisierung und welchen Einfluss haben Container in der heutigen Zeit? Darüber hinaus, wird noch auf die verschiedenen Container- und Transportarten eingegangen. Hier betrachten wir vor allem den Schiffs-, Straßen-, Schienen- und Lufttransport. Die Vor- und Nachteile der verschiedenen Verkehrsmittel werden hier ebenfalls hervorgehoben. Einer der Schwerpunkte dieser Studie liegt im kombinierten Verkehr. Der kombinierte Verkehr führt in der Container Logistik zu einem entscheidenden Vorteil, der ausführlich erläutert wird und aus der gegenwärtigen Logistik nicht mehr wegzudenken ist. Anschließend erfassen wir die technologischen Ansätze als Einsparpotential von Treibhausgasen. Hier gibt es bereits viele Verbesserungsmöglichkeiten und die Zukunft wird weitere Lösungen und Erfindungen hervorbringen. Mit der Zeit wurden viele verschieden Containertypen entwickelt. Diese haben einen großen Einfluss auf die Nachhaltigkeit und bieten ebenfalls sehr viel Verbesserungspotential. Das Ende von Kapitel 3 befasst sich mit der Auswertung der Fragebögen. Diese Auswertung wird uns einen ausführlichen Überblick über das Wissen, den jetzigen Stand im Unternehmen und über die Zukunft der Unternehmen in Sachen Nachhaltigkeit liefern.

In Kapitel 4 habe ich mich mit den Daten die ich von den Unternehmen zur Verfügung gestellt bekommen habe, befasst. Die Analyse befasst sich mit den Problemen der Unternehmen und zeigt Verbesserungspotenzial in verschiedensten Bereichen auf.

Kapitel 5 befasst sich mit einem ausführlichen Zitat rund um die Studie.

In Kapitel 6 geht es um die Zukunftsvisionen. Forscher des Fraunhofer Instituts forschen an einer nachhaltigen Logistik beginnend im Lager bis hin zur Auslieferung von Gütern. Eine weitere Vision von Wirtschaft und Politik ist der Aufbau einer CO_2-Wirtschaft.

2 Grundlagen „Grüne Logistik"

2.1 Irgendwie schon mal gehört: "Nachhaltigkeit"

*„Nachhaltig erholt sich die Weltwirtschaft von ihrer schwersten Rezession. Ein Dieb konnte seine Spuren nachhaltig verwischen. Und manch einer fühlt sich nachhaltig gestört oder will nachhaltig Urlaub machen ...*aber *"nachhaltig" ist nicht gleich "nachhaltig".*[11]

2.1.1 Einführung nachhaltige Logistik

Der Begriff der Nachhaltigkeit wird als durchaus positives Wort empfunden, welches derzeit in aller Munde ist, sei es in der Politik, in der Wirtschaft und in den Medien.[12] Als Sinnbild für Nachhaltigkeit hat sich das Nachhaltigkeitsdreieck durchgesetzt. Dieses Nachhaltigkeitsdreieck besteht aus einer ökologischen, einer ökonomischen und einer sozialen Dimension. *"Nachhaltige Entwicklung heißt, Umweltgesichtspunkte gleichberechtigt mit sozialen und wirtschaftlichen Gesichtspunkten zu berücksichtigen. Zukunftsfähig wirtschaften bedeutet also: Wir müssen unseren Kindern und Enkelkindern ein intaktes ökologisches, Soziales und ökonomisches Gefüge hinterlassen. Das eine ist ohne das andere nicht zu haben.*"[13]

Abbildung 2:Nachhaltigkeitsdreieck
Quelle: Kliniken Oberallgäu, http://www.kliniken-oa.de/Image/Nachhaltigkeitsdreieck.jpg
07.06.2012

Ein ähnliches Modell wie das Nachhaltigkeitsdreieck ist das Drei-Säulen-Modell, welches ebenfalls dieselben Dimensionen hat. Diese sind wie es der Name schon sagt als Säulen

---

[11] Die Bundesregierung: Magazin für Verbraucher, Sonderausgabe Nachhaltigkeit, 08. 2010, S.3
[12] Vgl. Keuschen T., Klumpp M., Green Logistics Qualifikation in der Logistipraxis, April 2010, S.3
[13] Lexikon der Nachhaltigkeit, http://www.nachhaltigkeit.info/artikel/definitionen_1382.htm, 23.02.2012

dargestellt. Das Drei-Säulen-Modell geht von der Vorstellung aus, dass nachhaltige Entwicklung nur durch das gleichzeitige und gleichberechtigte Umsetzen von umweltbezogenen, wirtschaftlichen und sozialen Zielen erreicht werden kann. Nur auf diese Weise kann die ökologische, ökonomische und soziale Leistungsfähigkeit einer Gesellschaft sichergestellt und verbessert werden. Die drei Aspekte bedingen sich dabei gegenseitig. Ein Kritikpunkt dieses Modells ist die mangelnde Bewertung der Ökologie. Experten sind der Meinung dass die Ökologie die maßgebliche Säule sein sollte, welche als Grundlage für eine nachhaltige Entwicklung betrachtet wird.[14] Der Ursprung der Nachhaltigkeit liegt etwa 300 Jahre zurück und stammt aus der Forstwirtschaft. Hans-Carl von Carlowitz forderte damals: es dürfen nur so viele Bäume geschlagen werden, wie nachwachsen können. Bäume welche gepflanzt werden, können erst durch unsere Kinder und Enkelkinder wirtschaftlich genutzt werden. Nachhaltiges Wirtschaften ist also auf Dauer angelegt, zukunftsorientiert und generationengerecht und erhält die wirtschaftlichen und natürlichen Lebensgrundlagen. 1987 veröffentlichte die Weltkommission für Umwelt und Entwicklung den Brundtland Report, „Unsere gemeinsame Zukunft". In diesem Report wurde erstmalig das Konzept für die nachhaltige Entwicklung definiert und sorgte damit weltweit für öffentliche Aufmerksamkeit.[15] *„Sustainable development is a development that meets the needs of the present without compromising the ability of future generations to meet their own need."[16] "Nachhaltig ist eine Entwicklung, die den Bedürfnissen der heutigen Generation entspricht, ohne die Möglichkeiten künftiger Generationen zu gefährden, ihre eigenen Bedürfnisse zu befriedigen und ihren Lebensstil zu wählen."[17]*

---

[14] Vgl. Lexikon der Nachhaltigkeit,
http://www.nachhaltigkeit.info/artikel/1_3_a_drei_saeulen_modell_1531.htm, 17.01.2012
[15] Vgl. Lexikon der Nachhaltigkeit,
www.nachhaltigkeit.info/artikel/brundtland_report_563.htm?sid=e0140fdef2edc68bfa8d02a7ee65598e,
23.08.2011
[16] Pfriem R., Eine neue Theorie der Unternehmung für eine neue Gesellschaft, 2011, S.192
[17] www.nachhaltigkeit.info/artikel/brundtland_report_563.htm?sid=e0140fdef2edc68bfa8d02a7ee65598e,
23.08.2011

2.1.2 Ist Nachhaltigkeit messbar?

„Man kann nicht Managen, was man nicht messen kann", so eine viel zitierte Weisheit einer Managementliteratur. Auch Goethe hat schon gesagt:

„Daran erkenn ich die gelehrten Herrn!
Was ihr nicht tastet, steht euch meilenfern;
Was ihr nicht fasst, das fehlt euch ganz und gar;
Was ihr nicht rechnet, glaubt ihr, sei nicht wahr;
Was ihr nicht wägt, hat für euch kein Gewicht;
Was ihr nicht münzt, das sagt ihr, gelte nicht!"[18]

Eine einfache aber populäre Strategie, Nachhaltigkeit als Erfolgsfaktor zu thematisieren, ist die Nachhaltigkeitsanforderung in Bezug zu dem Unternehmenserfolg zu setzen. Hierzu soll die natürliche Umwelt in das strategische Management integriert werden. Um nachhaltige Konzepte des unternehmerischen Handelns in den Unternehmenserfolg mit einfließen zu lassen, stehen dem Unternehmen ergänzende oder erweiterte Erfolgsrechnungen zur Verfügung. Begonnen hat alles mit den Sozialbilanzen (70er Jahre), über die Ökobilanzen (80er Jahre) bis hin zum „Sustainability Accounting" einen sich etablierenden Bestandteil der Managementpraxis und –wissenschaft (Gegenwart). Grundlage für mehrdimensionale Erfolgskonzepte ist das „nicht-finanzielle" bzw. „sozialökologische" Rechnungswesen. Die Zielerreichung des Unternehmenserfolges wird mit Hilfe mehrerer Kategorien und Kriterien festgehalten. Hierzu verwendet die Global Reporting Initiative (GRI) sehr differenzierte Indikatoren- und Kriterienkataloge. Soziale, ökologische und wirtschaftliche Kriterien wurden entwickelt. Diesen Kriterien wurden Kennzahlen zugeordnet, wodurch sich Nachhaltigkeit auch messen lässt.[19]

---

[18] Bretzke W.-R., Barkawi K., Nachhaltige Logistik – Antworten auf eine globale Herausforderung, 2010, S.47
[19] Vgl. Pfriem R., Eine neue Theorie der Unternehmung für eine neue Gesellschaft, 2011, S.188f.

2.2 Was ist der CO2-Fußabdruck und wozu ermittelt man diesen?

Die grundlegendste Frage im Zusammenhang mit dem CO_2-Fußabdruck lautet: *„Wie viel Kohlendioxid verursacht ein Produkt, bis es beim Kunden ist?"* [20] Fast jede Aktivität hat Auswirkungen auf unser Klima. *„Die Idee des CO_2-Fußabdruckes ist es, den Einfluss auf das Klima quantitativ vergleichen zu können".* [21] Der CO_2-Fußabdruck bezeichnet die Gesamtheit der Menge an Kohlenstoffdioxid (CO_2) in Tonnen,[22] welche durch das einzelne Individuum oder auch durch eine Organisation verursacht werden. Der CO_2-Fußabdruck wird in vier Bereiche eingeteilt: Transport, Lifestyle, Haus und sonstiges. Durch die Einteilung in diese vier Bereiche kann man sofort erkennen, in welchem Bereich viel CO_2 produziert wird und wo Einsparpotenziale liegen.[23] Auf die Logistik bezogen haben alle Dienstleistungen und auch die Wertschöpfungskette eines Produktes (Rohstoffe, Produktion, Transport, Handel, Nutzung, Recycling und Entsorgung) Auswirkungen auf unser Klima. In die Ermittlung fließen alle direkten und indirekten klimaschädlichen Treibhausgasemissionen mit ein und werden dann als CO_2-Äquivalent ausgewiesen. Umweltbewusstsein und Nachhaltigkeit gewinnen immer mehr an Bedeutung. Ein kleiner CO_2-Fußabdruck bedeutet dass man wenig CO_2 produziert, bei einem großen Fußabdruck wird viel CO_2 erzeugt. *„Der CO_2-Fußabdruck ist die Basis für eine kosteneffiziente Reduktion der Treibhausgasemissionen sowie die Einhaltung gesetzlicher Vorschriften".* [24] Für Unternehmen führt der CO_2-Fußabdruck zu einem hohen wirtschaftlichen Nutzen. Es werden Kosteneinsparpotentiale, effektives Umweltmanagement, die Entwicklung nachhaltiger Produkte und Dienstleistungen und die Erfüllung von Umweltansprüchen an Ihre Produkte identifiziert. Ein weiterer Vorteil ist die Verbesserung des Unternehmensimage.[25] Ab 2012 tritt eine neue Europanorm DIN EN 16258 zur Standardisierung des CO_2-Fußabdruckes im Transportwesen in Kraft. Diese Methode dient der Berechnung und Deklaration des Energieverbrauchs und der Treibhausgasemissionen bei Transportdienstleistungen (Güter- und Personenverkehr).[26]

---

[20] Logistik Heute – Den grünen Fußabdruck im Fokus, Ausgabe Dezember 2011, S.24
[21] EUtech-Energie & Management, http://www.eutech-energie.de/typo/klima/carbon-footprint.html, 2010
[22] Vgl. Global Footprint Network, http://www.footprintnetwork.org/de/index.php/gfn/page/carbon_footprint/, 26.07.2011
[23] Vgl. ecogood, http://www.ecogood.de/l/co2-fussabdruck/, 2012
[24] EUtech-Energie & Management, http://www.eutech-energie.de/typo/klima/carbon-footprint.html, 2010
[25] Vgl. EUtech-Energie & Management, http://www.eutech-energie.de/typo/klima/carbon-footprint.html, 2010
[26] Vgl. Logistik Heute – Den grünen Fußabdruck im Fokus, Ausgabe Dezember 2011, S.26

2.3 Wie wird der CO²-Fußabdruck berechnet?

Die Berechnung der CO²-Emissionen erfolgt, je transportierten Container. Zugrunde gelegt werden die zurückgelegte Strecke und das Gewicht der transportierten Güter. Einbezogen in die CO²-Berechnung werden der Umschlag und die Administration, sowie die Verkehrsmittel wie, die Binnenschifffahrt, der Bahnverkehr und der Straßengüterverkehr. Im Güterverkehr wird in Diesel- und Elektrotraktion unterschieden.

Verbrauchsbasierte Berechnungsformel: (Alle Angaben: Stand 04/2011)

CO²-Emission = spezifischer Energieverbrauch x CO²-Faktor

- CO²-Faktor für Diesel inklusiver Vorproduktion: 3,772g CO²/g Diesel
- CO²-Faktor für Strom ist länderspezifisch sehr unterschiedlich: D: 506g CO²/kWh; CH: 142g CO²/kWh; F: 56g CO²/kWh[27]

---

[27] Vgl. Contargo – Der CO²-Fußabdruck eines Containertransports, http://www.contargo.net/images/stories/Downloads/co2-whitepaper-de-web.pdf, S.2

3 Gründe für die Containerisierung!

Vor der Containerisierung brauchte man ca. 60 Menschen um ein 5000 Tonnen-Schiff zu löschen. Den Warenumschlag war mit einem hohen Einsatz von körperlicher Arbeit verbunden.[28]

„Ich habe keine Schiffe, ich habe seegängige Lastkraftwagen!"[29] Der Ursprung des modernen Frachtcontainers ist der Seehafen, wo große Ladungsmengen von einem Transportmittel auf ein anderes übergehen.[30]

Begonnen hat alles im Jahr 1956, als erstmals ein Schiff die Ideal X nach einem ungewöhnlichen Verfahren beladen wurde. Bei der Ideal X handelte es sich um einen umgebauten Tanker. Der Transportunternehmer Malcolm McLean hat Transportkisten aus Aluminium , welche eigentlich LKW-Aufbauten sind, auf den Tanker umladen lassen, mit dem Ziel, sowohl die mühsamen Be- und Entladevorgänge zu vermeiden als auch die unterschiedlichen Transport- und Beförderungsvorschriften der verschiedenen US-Bundesstaaten für den Inlandstransport zu umgehen.[31] Das Experiment Transportkisten zwischen Land- und Seetransport zu verladen war erfolgreich.[32] McLean hatte eine Vision, die er auch gegen hartnäckigen Widerstand durchsetzen wollte. Sein Ziel war es Kosten zu senken. *„Wissen Sie, was Fracht ist? (...) Sie können es im Lexikon nachschlagen, aber ich werde es Ihnen sagen. Es sind Kosten, die sich zu dem Produkt addieren."*[33] Die verstärkte Nutzung von Containern führte zu einer Revolution im Transportwesen und dessen globaler Ausbreitung, mit dem Ergebnis einer verstärkten Rationalisierung in der Transport- und Verkehrstechnik. Die Herstellung und der anschließende Transport von Gütern über mehrere tausende Kilometer, werden auf Grund der günstigen Transportkosten gerne in Kauf genommen.[34] Die Revolution der Container erfordert die Einführung elektronischer Hafenlogistiksysteme, da die Komplexität der Vorgänge stetig ansteigt. Ein Zitat aus der Fachzeitschrift Container News von 1970: *„Wenn die Containerisierung ihr Versprechen hoher Rentabilität für Verlader und Transportunternehmen einlösen soll, muss sie durch Computerisierung gestützt – man ist versucht*

---

[28] Vgl. Urwer A., Bedeutung und Entwicklung des Containerverkehrs im internationalen Transport, 2007, S.3
[29] McLean M., Klose A., Das Container-Prinzip – Wie eine Box unser Denken verändert, 25.08.2009, S.87
[30] Vgl. McLean M., Klose A., Das Container-Prinzip – Wie eine Box unser Denken verändert, 25.08.2009, S.49f.
[31] Vgl. McLean M., Klose A., Das Container-Prinzip – Wie eine Box unser Denken verändert, 25.08.2009, S.87
[32] Vgl. McLean M., Klose A., Das Container-Prinzip – Wie eine Box unser Denken verändert, 25.08.2009, S.88f.
[33] McLean M., Klose A., Das Container-Prinzip – Wie eine Box unser Denken verändert, 25.08.2009, S.160
[34] Vgl. McLean M., Klose A., Das Container-Prinzip – Wie eine Box unser Denken verändert, 25.08.2009, S.160

zu sagen: angeführt – werden.[35] 1976 kommt das erste System „Computerorientierte Methode zur Planung und Ablauf-Steuerung im Seehafen", kurz COMPASS-System genannt, auf den Markt.[36]

Die Vorteile des Containersystems sind geradezu überwältigend:

-   Die Container als Transportbehälter können für unterschiedliche Zwecke benutzt werden.
-   Sie sind überall und für mehrere Jahre verwendbar.
-   Der Umschlag und somit ihre Handhabung ist ein relativ einfacher Vorgang, der im Allgemeinen nach dem gleichen Muster abläuft.
-   Der Transport lässt sich in standardisierter, komprimierter Form in den Begleitpapieren dokumentieren.[37]

Verglichen mit Stückgutschiffen wird das Be- und Entladen durch den Einsatz von Container-schiffen erheblich beschleunigt. Kostensenkungen in der Containerisierung werden nicht nur durch verkürzte Liegezeiten infolge der stark gestiegenen Umschlagsleistungen im Hafen möglich, sondern auch durch den Einsatz größerer Containerschiffe. Durch die Einführung der Container zusammen mit immer größer werdenden Containerschiffen lassen sich im Seetransport sinkende Stückkosten realisieren.[38] Es ist zu beobachten, *„dass Welthandel und Containerschifffahrt überproportional positiv mit dem Wachstum der Weltwirtschaft korre-liert waren. Dabei gab es Kausalzusammenhänge nicht nur in einer Richtung. Die Entwick-lung des Containerverkehrs basiert natürlich zu einem großen Teil auf der wirtschaftlichen Entwicklung weltweit. In den auf diesem Gebiet beobachteten Trends der Vergangenheit ist einer der Gründe für das dynamische Wachstum des Containerverkehrs zu sehen."*[39] Weiter meint der Autor dieses Artikels, dass durch die stetige und überproportionale Zunahme des Außenhandels und die damit verbundene Erhöhung des Containerisierungsgrades sich dieser positive Effekt der wirtschaftlichen Entwicklung auf die Containerschifffahrt verstärkt. Mit der Globalisierung der Wirtschaft nahmen der Welthandel und die Arbeitsteilung zu. Starke exportierende und importierende Länder wie Südostasien und China sorgen ebenfalls für ein starkes Wirtschaftswachstum. Daran waren auch die praktisch stetig sinkenden Frachtkosten

---

[35] McLean M., Klose A., Das Container-Prinzip – Wie eine Box unser Denken verändert, 25.08.2009, S.217
[36] Vgl. McLean M., Klose A., Das Container-Prinzip – Wie eine Box unser Denken verändert, 25.08.2009, S.217
[37] Vgl. McLean M., Klose A., Das Container-Prinzip – Wie eine Box unser Denken verändert, 25.08.2009, S.81
[38] Vgl. Container, Seehafen und Ökologie,
http://www.antiport.de/doku/magister2/magister.html#2%20Container%20und%20Schiffsgr%C3%B6%C3%9Fe%20im, Juli 1998
[39] TIS-Transport-Informations-Service, http://www.tis-gdv.de/tis/tagungen/workshop/cs/zachcial/zachcial.htm#1, 1999-2012

in der Seeschifffahrt entscheidend, die es in Verbindung mit den technischen Entwicklungen in den Bereichen Transport und Telekommunikation auch kleineren Unternehmen erlauben, international zu agieren. Des Weiteren werden immer mehr Güter containerisierbar, so dass mittlerweile auch Rohkaffee, Baustoffe, gekühlte Waren und chemische Produkte in vielen verschiedenen Containertypen transportiert werden können. [40] Der Containerisierungsgrad liegt nach heutigen Berechnungen bei 50%. Die Zukunft sieht eine weitere Steigerung des Containerisierungsgrades vor. In unten abgebildeter Grafik wird deutlich, dass auch in Zukunft ein deutlicher Anstieg von Containerumschlägen zu erwarten ist. Bis zum Jahr 2020 gibt es laut Prognose einen jährlichen Anstieg der Containerumschläge von durchschnittlich sechs bis sieben Prozent. [41]

Abbildung 3: Entwicklung des weltweiten Containerumschlags
Quelle: DICAP GmbH, Ihr Spezialist für Container Investments, http://www.container-investments.com/tl_files/img/containerumschlag_ci_basis_final.gif Juni 2011

[40] Vgl. Dr. Lemper B., Containerschifffahrt und Welthandel – eine „Symbio-se"http://www.hansika.de/PDF/Containerschifffahrt_und_Welthandel.pdf, 06./10. März 2003
[41] Vgl. BUSS-Containerumschlag legt deutlich zu, http://www.buss-capital.de/Newsletter-Nr-2-201.1310.10.html, 26.01.2012

3.1 Entwicklung von Containern

Der Erfolg des Containers geht auf die Form, die Größe, das verwendete Material und deren Bauweise zurück. Der Container ermöglicht dass fast jede Art von Ladung transportiert werden kann. Der Begriff „Container" ist eher ein allgemeiner Begriff und stammt aus dem lateinischen (continere) was so viel bedeutet wie (umschließen, zusammenhalten, beinhalten, enthalten).[42] Die „International Convention for Safe Containers" (kurz CSC) definiert den Container als ein Transportgefäß, das:

„a)   von dauerhafter Beschaffenheit und daher genügend widerstandsfähig ist, um wiederholt verwendet werden zu können."[43]

Container sind Großraumbehälter (auch: Übersee- oder Transcontainer) die weltweit nach ISO 668 genormt sind. Diese Container haben standardisierte Maße, welche ein effizienteres Be- und Entladen, Stapeln, Transportieren und Umladen auf verschiedene Verkehrsmittel ermöglichen.[44] Im Seetransport verwendete Container sind meistens 20-, 30-, 40- und 45ft lang. Die Seecontainer werden nach den ISO Normen mit einer Breite von 8ft (auch 2,438 m) gebaut. Die Höhe kann hingegen variieren. Sie beträgt in der Regel 8ft 6in, 9ft und 9ft 6in.[45] Bei der Verwendung der verschiedenen Containertypen, kommt es zu großen Widersprüchen mit einem standardisierten Transportsystem, der genormten Europalette. Die Innenbreite der Standardcontainer ist nicht so geschaffen, dass zwei Europaletten nebeneinander gestaut werden können. Dies hat historische Gründe. Die Maße der Container sind Standardmaße, damaliger amerikanischer LKWs. Daraus entwickelten sich dann die Grundabmessungen moderner ISO-Standardcontainer.[46] Als mögliche Verkehrsmittel für den Container Transport stehen den verschiedenen Speditionen der Schienen-, Straßen- und Schiffstransport zur Verfügung.[47] Heutzutage gibt es viele Abwandlungen des „normalen" Containers, welche eine nachhaltigere Container Logistik nach sich ziehen. Diese werden in Kapitel 3.3 genauer erläutert.

---

[42] Vgl. Container-die Geschichte, http://www.containersucher.com/containerdiegeschichte/index.php, 2010
[43] TIS-Transport-Informations-Service, http://www.tis-gdv.de/tis/containe/kontrolle2/1gsv0006.pdf, 1985, S.4
[44] Vgl. Containerhandbuch, http://www.containerhandbuch.de/chb/stra/index.html?/chb/stra/stra_03_00.html, 2003-2012
[45] Vgl. Containersucher, http://www.containersucher.com/containerdiegeschichte/index.php, 2010
[46] Vgl. Zeit Online-Alles Paletti, http://www.zeit.de/2011/19/Europalette/seite-2, 05.05.2011
[47] Vgl. DB Schenker, http://www.logistics.dbschenker.de/log-de de/start/dienstleistungen/schienenlogistikTransa.html, 15.06.2012

3.2 Analyse der gegenwärtigen Situation in der Container Logistik

Logistik wird vermehrt in Zusammenhang mit „Grüner Logistik" oder auch der grünen „Supply Chain" einer nachhaltigen Lieferkette in Verbindung gebracht. Hierzu suchen Manager weltweit nach umweltfreundlichen Transportlösungen, denn *„13 Prozent der weltweiten CO_2-Emissionen werden durch Autos, Schiffe, Züge und Flugzeuge verursacht."*[48] Um den Ruf der energieintensiven Branche zu verbessern, muss die Logistikbranche einen Beitrag zum Klimaschutz leisten. Der Begriff der „Grünen Logistik" umfasst *„die Reduzierung von Kohlendioxidemissionen, den Verbrauch von Flächen und Wasser und anderer Ressourcen bis hin zu kompletten Ökobilanzen"*[49] Alle Aspekte des wirtschaftlichen Handelns in der Transport und Logistikbranche sind mit eingebunden. Unternehmen welche es schaffen, die Transportleistungen möglichst emissionsarm zu gestalten, sind der Konkurrenz im Kampf um potenzielle Kunden, einen entscheidenden Schritt voraus.[50] Der Schwerpunkt liegt hier im kombinierten Verkehr, sowie in der Reduzierung der Leertransporte von Containern. Systemvorteile der Verkehrsmittel Schiene, Straße, Luft und Wasser müssen besser genutzt werden, was zu einem optimalen Transportverlauf führt. Der kombinierte Verkehr sorgt für eine Entlastung der einzelnen Verkehrsträger, was zur Folge hat, dass die Stärken eines jeden Verkehrsmittels optimal genutzt werden und der Konkurrenzkampf unter den Verkehrsträgern durch Kooperationen und Partnerschaften sinkt.[51] Ein Beispiel für den kombinierten Verkehr im Gegensatz zum direkten Verkehr wird in der folgenden Abbildung dargestellt. Diese Abbildung veranschaulicht, dass ein häufigerer Umschlag von Containern sinnvoller ist und viel weniger CO^2-Treibhausgase produziert, als wenn wie im Direktverkehr zu sehen, bspw. ein LKW die komplette Strecke zurücklegt.

---

[48] DB Schenker,
http://www.dbschenker.com/site/logistics/dbschenker/com/de/ueberdbschenker/kompetenzportfolio/impuls/gruenelogistik.html, 2012
[49] DB Schenker,
http://www.dbschenker.com/site/logistics/dbschenker/com/de/ueberdbschenker/kompetenzportfolio/impuls/gruenelogistik.html, 2012
[50] Vgl. DB Schenker,
http://www.dbschenker.com/site/logistics/dbschenker/com/de/ueberdbschenker/kompetenzportfolio/impuls/gruenelogistik.html, 2012
[51] Vgl. Transportberater für den Schienengüterverkehr, http://www.transportberater.portal-c.info/ausblicke.html

Transport im kombinierten Verkehr

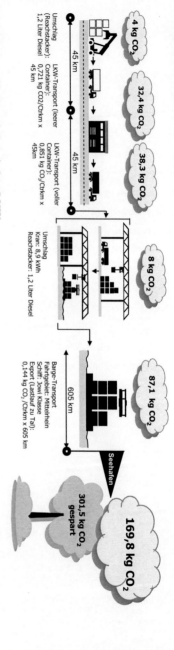

Transport per Direktverkehr mit dem LKW

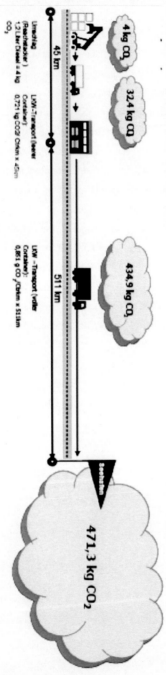

Abbildung 4: Der CO₂-Fußabdruck eines Containertransports von Wattenheim nach Rotterdam über Terminal Ludwigshafen

Quelle: Der CO²-Fußabdruck eines Containertransports, http://www.contargo.net/index.php?option=com_docman&task=doc_download&gid=275&Itemid= April 2011

3.2.1 Schienengüterverkehr

Um großvolumige Güter mit hohem Gewicht über große Distanzen zu transportieren, eignet sich vor allem der Schienengüterverkehr. Die Massenleistungsfähigkeit der Bahn ist ein entscheidender Vorteil.[52] Der Schienengütertransport befindet sich weltweit auf dem aufsteigenden Ast und wird auch in absehbarer Zukunft weiterhin Marktanteile gewinnen, so von führenden Forschern ermittelt. Hierfür sind verschiedene Faktoren verantwortlich, primär steigende Flugpreise, die wiederum auf die permanenten Preisschwankungen für Kerosin, die schwierige wirtschaftliche Lage sowie die wachsenden Sorgen um Umwelt und Sicherheit zurückzuführen sind.[53] Auch durch die stetig steigende Internationalisierung und durch das Ansteigen der Transportnachfrage wird das Verkehrsmittel Schiene auch in Zukunft vermehrt gefordert. *„Durch kundenfreundliche und innovative sowie integrierte Logistikkonzepte können die jeweiligen Systemvorteile eines Verkehrsträgers genutzt und optimal mit anderen Verkehrsträgern kombiniert werden."*[54] Der Konkurrenzkampf im deutschen Schienengüterverkehr wird durch einen hohen Wettbewerb und durch einen intensiven Preiskampf verstärkt. Dies führt dazu, dass der Schienengüterverkehr mit dem angebotenen Leistungsangebot zunehmend wettbewerbsfähiger wird, insbesondere gegenüber dem LKW. Nicht nur der Wettbewerb der verschiedenen Verkehrsträger steigt, sondern auch durch die Festlegung von europäischen Rahmenbedingungen und durch die Liberalisierung der Schiene, kommt es zwischen den Eisenbahnunternehmen vermehrt zum Wettbewerbsdruck. Das Schienennetz wird auch den europäischen Eisenbahnverkehrsunternehmen (EVU) uneingeschränkt zur Verfügung gestellt. In Deutschland eröffnen sich neue Märkte durch die EU-Erweiterung. In Zukunft wird das Transportaufkommen ansteigen, was auf die fortschreitende Internationalisierung zurückzuführen ist. Intelligente Lösungen sind hier gefordert, bspw. die technische Weiterentwicklung der Mehrsystem Loks. Somit lassen sich in Zukunft direkte Gütertransporte von Asien und nach Asien bewältigen. Als Vorteil des Schienengüterverkehrs gegenüber dem Schiffsgüterverkehr, wird hier die geringere Transportlaufzeit gesehen. Die meisten EVUs stellen internetgestützte Systeme zur Verfügung. Diese ermöglichen dem Kunden, Anfragen und Auftragserteilungen leichter zu übermitteln, umfangreiche Informationen

---

[52] Vgl. Transportberater für den Schienengüterverkehr, http://www.transportberater.portal-c.info/leistung_wettbewerb.html, „o. J."
[53] Vgl. Hexaware Technologies, http://hexawaretechnologies.de/schienentransport-dienstleistungen.htm, „o. J."
[54] Transportberater für den Schienengüterverkehr, http://www.transportberater.portal-c.info/ausblicke.html, „o. J."

bzgl. des Unternehmens, Abrechnungen und den Sendungsstatus des laufenden Transports einzusehen. Im kombinierten Verkehr müssen Container und Wechselbehälter meist aufwändig mit Portalkränen auf den neuen Verkehrsträger gehoben werden. Um diesen Prozess zu erleichtern, werden innovative, kompatible Transportbehälter unterschiedlicher Größe und Vorrichtungen sowie flache Schienenwagen entwickelt.[55] Auf Grund von Prozesskomplexitäten dauern Schienentransporte zum Teil etwas länger als mit dem LKW. Als Vorteile des Schienenverkehrs kann man folgende Punkte hervorheben: Ankunftszeiten lassen sich im Schienenverkehr bedingt durch feste Abfahrtszeiten, klar definierte Abholzeiten und durch die Transportdauer exakt festlegen. Staus und Sonntagsfahrverbot gibt es bei der Bahn nicht, was weitere Vorteile gegenüber LKWs bedeutet. Die Zuverlässigkeit und die Planbarkeit beim Schienentransport sind somit viel höher. Ein Nachtfahrverbot für Züge gibt es nicht, somit erfolgen je nach Bedarf, Gütertransporte ebenfalls in der Nacht, was dazu führt, dass Güter am nächsten Tag gleich weiterverarbeitet werden können. Die Bahn verfügt in Deutschland über ein Streckennetz von cä.38000 Kilometern. Was die Sicherheit der Bahn betrifft, gehört diese zu den sichersten Verkehrsmitteln, da Züge schienengebunden und somit ein spurgeführtes Transportmittel ist. Durch Einhaltung von Sicherheitsabständen zu vorausfahrenden und nachfolgenden Zügen und durch rechnergesteuerte Überwachung der Züge, eignen sich der Schienenverkehr besonders gut für Gefahrguttransporte.[56] Unter ökologischen Gesichtspunkten betrachtet, zeichnen sich Schienentransporte insbesondere auf längeren Strecken durch den geringeren CO_2-Ausstoß und geringeren Umweltbelastungen, gegenüber den LKWs aus. Verfügt der Versender und der Empfänger über Freiladegleise, ist die Bahn unschlagbar, was dann auch für kürzere Distanzen gilt. Die Schiene liegt im Vergleich mit der Straße, im Flächenbedarf vorne. Eine vierspurige Autobahn benötigt eine Breite von knapp 37 Metern, 2/3 mehr als eine zweispurige Eisenbahnstrecke. Durch die Einsparung der benötigten Fläche besteht die Möglichkeit, Ballungsräume wie Autobahnen und Städte vom Straßengüterverkehr zu entlasten. Auch im Bereich der Lärmbelästigung /-häufigkeit liegt der Schienenverkehr weit unter dem Straßenverkehr.[57] Als Nachteile des Schienengüterverkehrs sind die etwas höheren Transportkosten im Gegensatz zum Straßengüterverkehr zu nennen,

---

[55] Vgl. Dr. Linsmeier K.-D., Spektrum, Effizienter Container-Umschlag zwischen Straße und Schiene, http://www.spektrum.de/alias/dachzeile/effizienter-container-umschlag-zwischen-strasse-und-schiene/823261, 01.09.1996
[56] Vgl. Transportberater für den Schienengüterverkehr, http://www.transportberater.portal-c.info/sicherheit.html, „o. J."
[57] Vgl. Transportberater für den Schienengüterverkehr, http://www.transportberater.portal-c.info/oekologie.html, „o.J."

sowie der Nahverkehr in dem der Schienentransport keine große Rolle spielt, da der Aufwand zur Beförderung der Güter zu hoch ist und eine Lieferung bis zum Endabnehmer meist nicht möglich ist.[58]

3.2.2 Straßengüterverkehr

„Als Straßengüterverkehr werden die Ortsveränderungsprozesse von Gütern durch kraftma-schinengetriebene Fahrzeuge bezeichnet. Man unterscheidet den so genannten Werkverkehr, also den innerbetrieblichen Transport, der zumeist ein Bestandteil eines innerbetrieblichen Produktionsprozesses ist, vom gewerblichen Verkehr, bei dem der Transport zwischen der Produktion einer Ware und dem Handel stattfindet."[59] Das Bundesamt für Güterverkehr hat festgestellt, dass der Straßengüterverkehr nahezu unverändert blieb. Der prozentuale Anteil des Verkehrsträgers LKW liegt bei 83,5%. Die restlichen 16,5% entfallen auf den Schienen-güterverkehr und die Binnenschifffahrt. An dem Anteil von 83,5% des Straßengüterverkehrs ist die herausragende Stellung in Deutschland zu erkennen. Im Straßenverkehr wird zwischen Nah-/Regionalverkehr und Fernverkehr unterschieden. Der Nahverkehr befindet sich inner-halb einer Höchstdistanz von 150 km. Auf den Nah-/ bzw. Regionalverkehr transportierten Güter, entfallen 78,6% des Straßengüterverkehrs. Der Rest der transportierten Güter im Straßenverkehr entfallen auf den Fernverkehr. Im Nah- und Regionalverkehr kommt es seit Jahren zu einer Verlagerung der Gütertransporte vom Werksverkehr hin zum gewerblichen Verkehr. Im nahen Umfeld haben LKWs bei gewerblichen Transporten einen Vorsprung gegenüber anderen Verkehrsträgern. Diesen Erfolg hat der Straßengüterverkehr vor allem der „Haus-zu-Haus-Leistung" und dem flexiblen Einsatz der unterschiedlichen LKW-Transportcontainer zu verdanken. LKW Transportkosten haben im Vergleich mit anderen Verkehrsmitteln einen geringen Kostenaufwand. Der kombinierte Verkehr sorgt dafür, dass LKWs häufig dann zum Einsatz kommen, wo für Luftfracht, Schienengüterverkehr oder Schiffsgüterverkehr Schluss ist. Hierzu ein Beispiel: zur Löschung eines Schiffs werden Kräne und ein Hafen benötigt. Unternehmen, Händler und Endverbraucher die nicht an einer Wasserstraße liegen und auch über keinen Hafen verfügen, bzw. im Landesinneren liegen, können nicht per Schiff beliefert werden, was einen Umschlag der Güter vom Schiff auf den LKW zur Folge hat. Der größte Vorteil des Straßengütertransportes liegt in der vorhandenen

---

[58] Vgl. Logistikbranche, http://www.logistikbranche.net/dossier/vorteile-nachteile-schiene.html, „o. J."
[59] Logistikbranche, http://www.logistikbranche.net/verkehrstraeger/strassengueterverkehr.html, „o. J."

Infrastruktur. Der mit Abstand größte Verkehrsträger im Binnenland, ist das Straßenverkehrs- netz. Von der Logistik her ist diese Weise des Gütertransportes am einfachsten zu handhaben und außerdem ist es am kostengünstigsten. LKWs sind sehr beweglich, dies macht ihn zum universellen Verkehrsmittel. Die Fahrzeuge müssen an die Bedürfnisse der Transportgüter angepasst werden. Eine wirkliche Alternative im Nah- und Regionalverkehr zum Straßengü- tertransport gibt es nicht. Im Fernverkehr ist der Wettbewerb umso größer, denn Binnen- schifffahrt und Schienenverkehrsmittel stehen im ständigen Wettbewerb zueinander. Das Binnenschiff ist an Gewässer und der Eisenbahnverkehr an Schienen gebunden, was den LKW unglaublich flexibel macht, da dieser fast von jedem Ort fahren kann und nicht an eine bestimmte Strecke gebunden ist. Ein weiterer Vorteil des Gütertransportes, ist die Kombinati- on aus Straße, Schiene und Schiff. Container lassen sich beliebig, auf andere Verkehrsmittel umladen. Das größte Problem bzw. den größten Nachteil des Straßengüterverkehrs sehen Umweltschützer in der umwelt- und verkehrspolitischen Natur. Die hohen Emissionswerte welche beim Güterverkehr über die Straßen anfallen, sowie der Ausbau und die Instandhal- tung des Straßenverkehrsnetzes sorgen für großen Unmut bei Umweltschützern. In Ballungs- räumen stoßen die Straßenverkehrswege regelmäßig an ihre Kapazitätsgrenzen. Weitere Nachteile sind die Lärmbelästigung durch die LKWs, sowie der Bedarf einer Ausnahmege- nehmigung für Gütertransporte an Wochenenden und Feiertagen. Auch nach Aufzeigen aller Nachteile, überwiegen dennoch die Vorteile. LKWs sind im Nahverkehr, auf den ersten, wie auch auf den letzten Metern nicht ersetzbar.[60]

3.2.3 Binnenschifffahrt

Die Binnenschifffahrt ist wie der Name schon nahelegt auf Binnengewässern unterwegs. Zu den Binnengewässern gehören Seen, Flüsse und Kanäle. Insgesamt erbringen Binnenschiffe 5% der Gesamttransportmenge innerhalb Europas. Die Länder unterscheiden sich in der Gütertransportmenge der Binnenschifffahrt sehr stark voneinander. In Deutschland werden 12,8%, in Belgien 14,3% und in den Niederlanden 44,2% der gesamten Gütertransporte über die Binnenschifffahrt abgewickelt. Innerhalb Deutschlands steht das Verkehrsmittel der Binnenschifffahrt an dritter Stelle, hinter dem Straßen- und Schienengüterverkehr. Auch bei der Binnenschifffahrt werden je nach Bedürfnis des Transportgutes, unterschiedliche Binnen- schiffe in Anspruch genommen. Hier wird u.a. zwischen Container-, RoRo-, Autotransport-,

---

[60] Vgl. Logistikbranche, http://www.logistikbranche.net/verkehrstraeger/strassengueterverkehr.html, „o. J."

Schüttgutschiffen unterschieden. Darüber hinaus gibt es noch Küstenmotorschiffe die sowohl in küstennahen Gewässern als auch auf bestimmten Binnenstraßen eingesetzt werden können,[61] beispielsweise von London durch den Ärmelkanal über den Rhein bis nach Duisburg, dem größten Binnenhafen Europas.[62] Nicht alle Binnenschiffe können auf allen europäischen Wasserstraßen eingesetzt werden. Dies ist von der Ausstattung und der Bauweise der Schiffe abhängig. Allein in Deutschland umfasst das Einsatzgebiet für Binnenschiffe rund 7300 km Binnenwasserstraßen mit 335 Schleusen, 280 Wehren, drei Schiffshebewerken, zwei Talsperren und etwa 1300 Brücken. Die Binnenschifffahrt ist gegenüber den anderen Verkehrsmitteln innerhalb Europas die wirtschaftlichste Transportmöglichkeit. Um die unterschiedlichen Verkehrsmittel hinsichtlich ihrer Wirtschaftlichkeit vergleichen zu können wird die Maßeinheit Tonnenmeilen oder Tonnenkilometer verwendet. Tonnenkilometer ist eine statistische Kennzahl für die Messung der Beförderungsleistung im Güterverkehr zu Lande, zu Wasser und in der Luft (Verkehrsleistung), errechnet als Produkt aus dem Gewicht der beförderten Güter und der Versandentfernung. Binnenschiffe mit einer Aufnahmekapazität von 1000 Tonnen verbrauchen lediglich 1,3 Liter pro 100 Tonnenkilometer. Im Vergleich werden ca. 40 LKWs benötigt die auf 4,1 Liter pro 100 Tonnenkilometer kommen und ein kompletter Güterzug kommt auf 1,7 Liter pro 100 Tonnenkilometer. Somit verfügt die Binnenschifffahrt über einen entscheidenden Vorteil gegenüber anderen Verkehrsmitteln, was die Ausweitung der Binnenschifffahrt in den nächsten Jahrzehnten sehr wahrscheinlich macht. Binnenschiffe eignen sich hervorragend zum Transportieren von Schüttgütern und Containern, was auch mit zur Entlastung des Straßenverkehrs führt. Der kombinierte Verkehr kommt auch bei diesem Verkehrsmittel auf nationalen wie auch auf europäischen Wasserstraßen, wie Rhein, Elbe, Donau und Kanalwasserstraßen zum Einsatz. Dies ermöglicht Transportwege auch über die Grenzen hinweg. Binnenschiffe tragen mit zur Entlastung von Straßen- und Schienenverkehr bei. Moderne Binnenschiffe können so viel transportieren wie 90 LKWs. Vielerorts sind die Schiffe Teil des Hinterland Verkehrs. Der Rhein ist der am stärksten Befahrene Fluss von Binnenschiffen. Diese transportieren Güter aus den großen niederländischen Seehäfen wie Rotterdam. Vom Hamburger Hafen aus, verkehren die Binnenschiffe ins östliche Hinterland. Binnenschiffe sind wie der Schienenverkehr

---

[61] Vgl. Logistikbranche, http://www.logistikbranche.net/verkehrstraeger/binnenschifffahrt.html, „o. J."
[62] Vgl. Duisburger Hafen, http://www.ruhr-guide.de/rg.php/left/menu/mid/artikel/id/15819/kat_id/1/parent_id/8/kp_titel/Duisburger%20Hafen, „o. J."

an vorgegebene Strecken gebunden, sind somit bei weitem nicht so flexibel wie LKWs. Außerdem benötigen die Binnenhäfen entsprechende Verladevorrichtungen und Container-terminals. Die Beförderungsdauer mit Binnenschiffen dauert länger als im Schienen- bzw. Straßenverkehr, somit eignet sich dieses Verkehrsmittel vor Allem für Güter welche nicht zeitsensibel sind, bspw. Schüttgüter, Baustoffe und Fertigprodukte. *„Im Transitverkehr wird der Binnenschiffverkehr weiter zunehmen und im Zuge der Liberalisierung der Märkte innerhalb der EU wird auch die Kabotage weiter zunehmen."*[63] Vor allem Länder, welche auf Grund ihrer geografischen Lage eine wesentlich größere Rolle spielen, werden diese Trans-portleistungen vermehrt durchführen.[64]

3.2.4 Seeschifffahrt

„Unter Seeschifffahrt versteht man die Schifffahrt auf dem Meer oder auf für die Seeschiff-fahrt zugelassenen Wasserstraßen, wie beispielsweise großen Flüssen, Kanälen oder Seen, die durch Kanäle oder große Flüsse mit einem Meer verbunden sind."[65] Es wird zwischen Küsten- und Hochseeschifffahrt unterschieden. Küstenschiffe transportieren Güter oder Personen und verkehren in der Nähe einer Küste. Die am meisten im Güterverkehr betriebe-nen Küstenschiffe, sind Küstenmotorschiffe. Kümos haben ein hohes Fassungsvermögen und zeichnen sich durch einen geringen Tiefgang aus. Ein großer Vorteil der Kümos ist, dass Waren aus dem tiefer liegenden Binnenland oder kleineren Seehäfen ohne weiteres Umladen zum jeweiligen Zielhafen entlang der Küste, befördert werden können. Normale Seeschiffe haben auf Grund von Beschränkungen keinen Zugang zu diesen Binnenhäfen und kleineren Seehäfen. Hauptziel der Kümos ist die Verteilung von Gütern zwischen den einzelnen Häfen entlang der Küste. Wenn Küstenmotorschiffe hauptsächlich als Zubringerschiff von Contai-nern, usw. eingesetzt werden, spricht man von der Funktion als Feederschiff. Hochseeschiffe verkehren vor allem außerhalb der Hoheitsgewässer, mindestens 12 Seemeilen von der Küste entfernt und zwischen mehreren Ländern. Alle Wirtschaftsregionen wickeln einen Großteil ihrer Güter über den weltweiten Seehandel ab. Über den Seeweg finden 95% des interkonti-nentalen und 62% des innereuropäischen Warentauschs statt. Neben der Zufuhr von Rohöl oder Massengütern wie Erze und Kohle, nimmt der Containerverkehr eine immer wichtigere

---

[63] Logistikbranche, http://www.logistikbranche.net/verkehrstraeger/binnenschiffffahrt.html, „o. J."
[64] Vgl. Logistikbranche, http://www.logistikbranche.net/verkehrstraeger/binnenschiffffahrt.html, „o. J."
[65] Logistikbranche, http://www.logistikbranche.net/verkehrstraeger/seeschifffahrt.html, „o. J."

Stellung im Schiffsgütertransport ein. 2004 wurden im Weltseehandel fast 6000 Million Tonnen Waren (Massengüter 60%, Stückgüter 40 %) umgeschlagen. Durch die fortschreitende Internationalisierung, der Verbesserung der Produktivität, sowie dem weltweit steigenden Energiebedarf wird der Handel über die Seeschifffahrt auch in den nächsten Jahren weiter ansteigen.[66] Als Riesenvorteil gegenüber anderen Verkehrsmitteln werden die niedrigen Transportkosten ausgemacht, die ohne die enormen Transportleistungen der Seeschifffahrt undenkbar wären. Heutzutage werden fast sämtliche Güter unseres Alltags per Schiff transportiert, Bananen, Kaffee, Rohöl und Ölprodukte, Maschinen, Fertigprodukte, Autos, Textilien sowie elektronische Waren. Der technologische Fortschritt im Schiffsbau und der Ausbau von Wasserstraßen wie bspw. dem Suez-Kanal, haben den Seehandel in dieser Größenlage erst möglich gemacht.[67] Eine der größten Errungenschaften des Seehandels ist eine schlichte, einfache und vor allem billig zu transportierende Erscheinung, der Container. Dies ist der Siegeszug der allgegenwärtigen Container.[68] Der zunehmende Containerverkehr im Transportwesen und die niedrigen Handhabungskosten beim Containerumschlag machen den Massentransport von Waren zum Tagesgeschäft. Als nachteilig in der Seeschifffahrt werden die langen Transportzeiten und die niedrigen Geschwindigkeiten gesehen. Verspätungen sind durch die großen Distanzen keine Seltenheit, was bei den Importeuren zu Lieferschwierigkeiten führen kann. Somit eignet sich die Schifffahrt nicht für eilige Warensendungen.[69]

3.2.5 Luftfrachtverkehr

„Als Luftfracht bezeichnet man alle Güter, die per so genannter Luftverlastung oder als Luftfrachtbrief transportiert werden.“[70] Das Flugzeug ist weltweit die jüngste Gütertransportmöglichkeit, aber auch das Verkehrsmittel mit den höchsten Zuwachsraten in den vergangenen Jahren. Die entscheidenden Vorteile für die Nutzung von Flugzeugen zum Transport von Gütern liegen in der Schnelligkeit, der Sicherheit und der Zuverlässigkeit. Außerdem nimmt der Anteil des Luftfrachtversands stetig zu, was auf die immer intensiveren Außenhandelsbeziehungen in der Weltwirtschaft zurück zu führen ist. Insgesamt stehen den Luftfrachtunternehmen weltweit mehr als 4000 Flughäfen zur Verfügung, welche mit

---

[66] Vgl. Logistikbranche, http://www.logistikbranche.net/verkehrstraeger/seeschifffahrt.html, „o. J.“
[67] Vgl. Logistikbranche, http://www.logistikbranche.net/verkehrstraeger/seeschifffahrt.html, „o. J.“
[68] Vgl. Preuß O., Eine Kiste erobert die Welt: Der Siegeszug einer einfachen Erfindung, September 2007, S.7
[69] Vgl. Logistikbranche, http://www.logistikbranche.net/verkehrstraeger/seeschifffahrt.html, „o. J.“
[70] Logistikbranche, http://www.logistikbranche.net/verkehrstraeger/binnenschifffahrt.html, „o. J.“

speziellen Frachtterminals und modernen Förder- und Lagerungstechniken ausgestattet sind. Die Weiterentwicklung von Flugzeugen führt dazu, dass immer schwerer werdende Güter transportiert werden können. Typische Luftfrachtgüter sind transportempfindliche Erzeugnisse, wie Tiere und Pflanzen, aber auch hochwertige Waren. Die Transportketten im Luftfrachtbereich sind so präzise organisiert, dass es die ideale Transportmöglichkeit für eilige Güter ist, welche zu einem bestimmten Termin zugestellt werden müssen. Frachtflugzeuge werden immer wieder in Krisengebieten eingesetzt, um Hilfsgüter schneller in die betroffenen Gebiete transportieren zu können. Die hohen Transportkosten, im Verhältnis zu anderen Verkehrsmitteln und die dadurch entstehenden Treibhausgase, welche enorm hoch sind, zeigen die größten Nachteile des Luftfrachtversands auf. (siehe Abb.: 15) Dies sind die Gründe weshalb Flugzeuge vor allem auf weiten Strecken und über Kontinente hinaus eingesetzt werden. Im Nah- und Regionalbereich wird auf LKW- und Schienentransporte zurückgegriffen. Ein Flugzeug verbraucht im Vergleich zum Schiff, auf eine vergleichbare Transportleistung, etwa zwölfmal mehr Treibstoff. Die größten Vorteile liegen sicherlich in der hohen Pünktlichkeit der Lieferungen per Luftfracht, welche durch minutiös eingehaltene Flugpläne gewährleistet werden, sowie die international hohen Sicherheitsstandards im Luftverkehr. Störungen sind somit weitaus geringer, als bei anderen Verkehrsmitteln, was eine geringere Anfälligkeit für das logistische Gesamtkonzept nach sich zieht. Als nachteilig zu betrachten ist, dass auf Grund der hohen Sicherheitsbestimmungen, gefährliche Güter und Stoffe vom Lufttransport ausgeschlossen sind. Weltweit ist und bleibt die Luftfracht eines der wichtigsten Wachstumsmotoren. [71]

---

[71] Vgl. Logistikbranche, http://www.logistikbranche.net/verkehrstraeger/luftfracht.html, „o. J."

3.3 Containertypen und -bauarten

Heutzutage gibt es fast für jede Art von Gütern einen speziell dafür ausgelegten Container. Container sind Hilfsmittel in der Logistik. Der ursprüngliche Container ist der Standard-Container oder Stückgut-Container auch „Dry-Cargo"-Container genannt. Dieser wird weiterhin am häufigsten genutzt, auch wenn es heute eine Vielfalt an Spezial-Containern gibt. In diesen „normalen" Boxen wird jede Art von Stückgut transportiert. Es gibt diesen Container in verschiedenen Größen (20ft, 40ft und 45ft). Der Boden dieser Container ist in der Regel mit Hartholzplanken oder Sperrholz ausgelegt. Beladen werden die Container durch die an der Rückseite angebrachten Flügeltüren, welche sich über die ganze Höhe und Breite des Containers erstrecken.[72]

Abbildung 5: 40' Standard-Container
Quelle: MECALUX GmbH, Standard-Container, http://www.logismarket.at/ip/act-40-standardcontainer-neu-wind-und-wasserdicht-einsatzbereit-gueltige-csc-plakette-sofort-verfuegbar-677711-FGR.jpg 2000-2012

---

[72] Vgl. Witthöft J., Container. Die Mega-Carrier kommen, 2004, S. 118

Für den Schienenverkehr eignen sich diese Container nicht, da sie nur von einer Seite beladen werden können. Aus diesem Grund hat man speziell für den Schienenverkehr einen Container entwickelt, der sich von der Seite beladen lässt.[73] Diese Spezial-Container sind allerdings für den Schiffstransport nur bedingt geeignet, da diese nur unzureichend stapelfähig sind. Eine weitere Abwandlung zu den Standard-Containern sind die sogenannten „Flats". Hierbei handelt es sich um einen besonders stabilen Containerboden nach ISO-Norm, mit abklappbaren Stirnwänden. Diese eignen sich speziell zur Beförderung von Ladungen, die sehr schwer sind oder überdimensioniert sind und sich nicht auf normalem Wege in Container verladen lassen. Leere „Flats" lassen sich raumsparend stapeln und transportieren.[74]

Abbildung 6: 40' "Flats Rack"
Quelle: Michael Meyer Container Handel und Service, http://www.meyer-container.de/pix/flat.jpg, 2007

Weitere Varianten des Standard-Containers sind die "Open-Side"-, "Open-Top"- oder "Hardtop"-Container. Diese unterscheiden sich wie folgt: Open-Side-Container haben ein festes Dach, an der Vorder- und Rückseite Türen und offene Seiten.

---

[73] Vgl. Witthöft J., Container. Die Mega-Carrier kommen, 2004, S. 119
[74] Vgl. Witthöft J., Container. Die Mega-Carrier kommen, 2004, S. 120

Abbildung 7: 20' "Open-Side"-Container
Quelle: Zhangjiagang Huarui Import & Export Co. Ltd., http://image.made-in-china.com/2f0j00KMpaQghFvfcR/Open-Side-Container.jpg, 03.03.2005

„Open-Top"- und „Hardtop"-Container haben kein festes Dach Sie können mit Hilfe eines Krans be- und entladen werden. Das Dach besteht aus einem fest abnehmbaren Dach (Hardtop) oder einer strapazierfähigen Plane (Open-Top). Transportiert werden in diesen Containern, sperrige oder auch schwere Frachtstücke.[75]

Abbildung 8: 40' Open-Top-Container mit strapazierfähiger Plane
Quelle: In & Out Forwarding S.L, http://www.inandoutf.com/images/20ot.jpg

---

[75] Vgl. Witthöft J., Container. Die Mega-Carrier kommen, 2004, S. 120

Für pulverförmige oder granulierte Schüttgüter eignen sich sogenannte „Drybulk"- oder Schüttgut-Container. Diese Container werden über kreisförmigen Öffnungen im Dach beladen. Das Entladen erfolgt über die an der Stirnseite angebrachte Tür, in dem die Container gekippt werden. Typische Ladungen für diese Container sind Mais, Zucker, Kieselgur, Braumalz, Getreide, Trockenfarben und Düngemittel.[76]

Abbildung 9: 20' „Drybulk"-Container oder Schüttgut-Container
Quelle: CIMC Container
http://www.cimc.com/res/products_en/container/special/Bulk/200912/P020091221751808141169.jpg, 03. August 2004

Dieser Container basiert auf einer „Flat"-konstruktion. Er nennt sich „Coiltainer" und dient zur Verladung von Blech- oder Drahtrollen.

Abbildung 10: 20' „Coiltainer"
Quelle: TIS – Transport-Informations-Service, http://www.tis-gdv.de/tis/taz/c/coiltainer.jpg, 1999-2012

---

[76] Vgl. Witthöft J., Container. Die Mega-Carrier kommen, 2004, S. 120

Belüftete- oder ventilierte Container eignen sich besonders für den Transport von Rohkaffee, Kakaobohnen oder Malz. Diese Güter dürfen nicht schwitzen. Dieser Container ist so konstruiert, dass sie sich passiv belüften und das Eintreten von Wasser nicht möglich ist.[77]

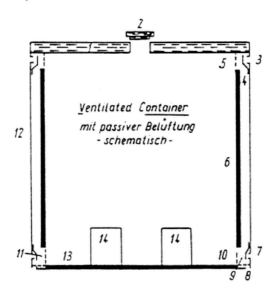

Abbildung 11: Ventilierte Container – Ventilationsöffnungen im oberen Längsträgern
Quelle: Containerhandbuch
http://www.containerhandbuch.de/chb/scha/images/scharnow_10_03_07_043.gif, 2012

Eine weitere Container-Art ist der Isoliercontainer, welcher mit wärmedämmender Innenverkleidung ausgestattet ist. Dieser Container dient dem Transport von wärme- und kälteempfindlichen Gütern, bspw. Bier oder Weine. Eine der wichtigsten Erfindungen in der Container Logistik ist, der Kühlcontainer. Da ein Großteil der Weltnahrungsmittel leicht verderblich sind, hat man Container entwickelt, wo Lebensmittel gekühlt über weite Distanzen transportiert werden können. Hauptladung dieser Container sind Fleisch-, Fisch- und Milchprodukte, sowie frische Früchte und Frischgemüse. Heutzutage verfügen fast alle Containerschiffe über Stromanschlüsse für Kühlcontainer.[78]

---

[77] Vgl. Witthöft J., Container. Die Mega-Carrier kommen, 2004, S. 122
[78] Vgl. Witthöft J., Container. Die Mega-Carrier kommen, 2004, S. 123

Abbildung 12: 20' Kühlcontainer
Quelle: Rainbow Containers GmbH, http://www.gefriercontainer-vermietung.de/Kuehl/100_0907.JPG, 19. Juni 2009

Auch für den Transport von Flüssigkeiten hat man einen Container entwickelt, den Tankcontainer. Dieser ist ebenfalls stapelbar und entspricht den ISO-Normen. Eine Mindestfüllmenge von 80% ist für Tankcontainer vorgeschrieben, um die Bewegung der Flüssigkeiten gering zu halten.

Abbildung 13: 20' Tankcontainer
Quelle: Sea Shine Shipping Service Pvt. Ltd., http://www.seashineshipping.com/services/images/Iso1.jpg, 2012

„SeaCell"-Container unterscheiden sich nur ganz leicht, aber entscheidend von den normalen ISO-Containern. Ein oft beklagtes Problem ist, die nicht optimale Stauung von Euro-Paletten in den Standard Containern. Dies ist der entscheidende Unterschied dieses Spezial-Containers. Hier lassen sich zwei Euro-Paletten nebeneinander stauen.[79] Für den Autotransport hat man einen Auto-Container entwickelt. In diese „High-Cube"-Boxen passen vier Autos. Ermöglicht wird dies durch einen Zwischenboden im Container. Es gibt noch einige weitere Abwandlungen des ursprünglichen Containers, wie bspw. Viehtransport-Container, „Fishtec"-Container. Zu den neueren Containervarianten zählen „LogRac"- oder „SuperRac"-Container. Von diesen Typen sind nur sehr wenige Container im Umlauf.[80] *„Billigere Transporte, keine Leerfahrten, variable Beladung: Dies soll ein multifunktionaler Container ermöglichen."*[81]

3.4 Technologische Ansätze und Gesetzesregelungen als Einsparpotential von Treibhausgasemissionen

Hier geht es darum klar zu stellen, wie durch die Optimierung von logistischen Technologien, Treibhausgasemissionen im Transportsektor gesenkt werden können und wie man sparsam mit teurem Laderaum umgehen sollte. Transporttechnologien stehen hier im Fokus, da diese weltweit einen hohen Anteil an den verursachten Treibhausgasen haben. Die Innovationsbemühungen in diesem Bereich steigen kräftig an, da der Problemdruck sehr hoch ist und neue Lösungen belohnt werden. Innovationen können aber auch zu Rückkopplungen führen, welche in den Zukunftsszenarien für weitere Unsicherheiten sorgen können. Innovationen stellen eine große Unsicherheit dar, da wir heute noch nicht wissen, was uns die Zukunft an Innovationen bescheren wird. Zu Rückkopplungen kann es kommen, wenn Effizienzsteigerungen eine wachsende Nachfrage nach Öl auslösen (Bsp.: Treibstoffpreise sinken, dies kann Autofahrer dazu animieren wieder mehr zu fahren). In der Fachliteratur wird ein Anstieg von Ressourcen, der durch effizientere Techniken hervorgerufen wird, als Bumerang- oder „Rebound"-Effekt bezeichnet. Dies wird sich allerdings nicht auf den Gütertransport auswirken, da nur das transportiert wird, was produziert, gehandelt und benötigt wird. Durch das prognostizierte Wachstum im Gütertransport, besteht die Gefahr, dass die eingesparten

---

[79] Vgl. Witthöft J., Container. Die Mega-Carrier kommen, 2004, S. 127
[80] Vgl. Witthöft J., Container. Die Mega-Carrier kommen, 2004, S. 128f.
[81] Witthöft J., Container. Die Mega-Carrier kommen, 2004, S. 129

Treibhausgasemissionen durch den Anstieg des Güterverkehrs wieder aufgezehrt werden.[82] Die Erde verfügt über ein Selbstreinigungspotenzial welches in der jetzigen Situation überfordert ist und somit ist unser Verhalten nicht nachhaltig.[83] Wie bereits in Kapitel 2.3 angedeutet wird heutzutage vermehrt nach technologischen Ansätzen gesucht wie man Treibhausgase reduziert und Lärmbelästigungen senken kann. Hier gibt es eine ganze Reihe von Ansätzen, welche wir hier in diesem Kapitel näher betrachten werden.

Noch vor wenigen Jahren zählten in der Logistik lediglich zwei Kriterien, Kosten und Geschwindigkeit. Wie können Güter auf schnellstem Wege und so kostengünstig wie möglich von „A" nach „B" transportiert werden. In der Gegenwart gibt es durch das Umdenken der Bevölkerung, durch politische Eingriffe und aus Kostengründen auch ein Umdenken in der Logistik. Neben den zwei bereits erwähnten Kriterien, kommt ein wichtiges Kriterium hinzu, die Nachhaltigkeit. (siehe Abb.: 14) Die größte Herausforderung für die Unternehmen ist es das 3. Kriterium mit den anderen beiden Kriterien zu kombinieren und dennoch wettbewerbsfähig zu bleiben.

Abbildung 14: Kriterien in der Wahl des Transportmittels
Quelle: DHL, Delivering Tomorrow – Zukunftstrend nachhaltige Logistik, Oktober 2010

In der Gegenwart gibt es noch keine marktreifen Technologien welche im Verkehrsgütertransport eine emissionsfreie Prozesskette ermöglichen. Eine ständige Weiterentwicklung diverser Technologien ermöglicht es jedoch, viele CO_2-Emissionen einzusparen.[84] Die Gegenwart stellt uns eine Vielfalt an Verkehrsmitteln für den Transport von Gütern über lange und kurze Distanzen zur Verfügung. Alle bereits in den vorherigen Kapiteln genannten

---

[82] Vgl. Bretzke W.-R., Barkawi K., Nachhaltige Logistik – Antworten auf eine globale Herausforderung, 2010, S.69
[83] Vgl. Bretzke W.-R., Barkawi K., Nachhaltige Logistik – Antworten auf eine globale Herausforderung, 2010, S.3
[84] Vgl. Deutsche Post AG, Delivering Tomorrow - Zukunftstrend Nachhaltige Logistik, Oktober 2010, S.108

Verkehrsmittel haben positive und auch negative Eigenschaften. Diese Eigenschaften werden in folgender Abbildung sehr schön veranschaulicht dargestellt.

CHARAKTERISTIKA EINZELNER TRANSPORTMITTEL

		Kosten	Geschwindigkeit	CO$_2$-Effizienz
	Luft	Teuer	Schnell	Gering
	Straße			
	Schiene			
	See	Günstig	Langsam	Hoch

Abbildung 15: Charakteristika einzelner Transportmittel
Quelle: DHL, Delivering Tomorrow – Zukunftstrend nachhaltige Logistik, Oktober 2010

Schon heute gibt es viele Möglichkeiten wie Unternehmen den CO$_2$-Fußabdruck im Straßengüterverkehr verkleinern können. Hierzu zählen bspw. LKW-Fahrerschulungen, LKW mit windschnittigen „Teardrop"-Anhängern oder auch die sogenannten Gigaliner. Bei dem Thema Gigaliner gibt es Unstimmigkeiten in der Politik und in der Wirtschaft. Grundsätzlich sind Gigaliner mit 60t Ladung effizienter, hinsichtlich CO$_2$-Emissionen, als die normalen LKWs. Es wird allerdings befürchtet, dass wieder vermehrt Güter von der Schiene auf die Straße verlagert werden könnten, was dann doch wieder zu ansteigenden CO$_2$-Werten führen würde.[85] Eine andere Sichtweise ist, dass Gigaliner einen wichtigen Beitrag zur Stauvermeidung leisten. „*Weniger Fahrzeuge bedeuten weniger Staus, weniger Staus bedeuten weniger Emissionen*"[86] Hierfür spricht eine Studie der Erfurter Fachhochschule. Forscher konnten während der 1 ½ jährigen Testphase keine Probleme mit den Gigalinern feststellen.[87] Als wichtigste Vorteile sind zu nennen: ein bis zu 50% höheres Ladevolumen, was dazu führt, dass jeder 3. LKW eingespart werden kann und dies bei einem geringeren CO^2-Ausstoß.[88] Weitere technologische Erfolge werden bei den Rollwiderständen der Reifen und in

[85] Vgl. Umweltbundesamt – Perspektive für Umwelt & Gesellschaft,
http://www.umweltbundesamt.at/umweltsituation/verkehr/fahrzeugtechnik/lkw/gigaliner/, 12. Mai 2009
[86] Bretzke W.-R., Barkawi K., Nachhaltige Logistik – Antworten auf eine globale Herausforderung, 2010, S. 29
[87] Vgl. News.de, Straßenmonster oder süße Zukunftsküken,
http://www.news.de/politik/855067007/strassenmonster-oder-suesse-zukunftskueken/1/, 28.07.2010
[88] KRONE, Giga Liner-immer bestens kombiniert, http://www.kroneshop.de/nfz/pros/dolly_giga_de.pdf, „o. J."

der Optimierung der Verluste an den Motoren und Getrieben erzielt. Weltweit versuchen Hersteller auf technologischer Ebene, Reserven rauszuholen. Alle genannten Maßnahmen sind achtbare Erfolge, welche allerdings lediglich in einem geringen einstelligen Prozentsatz liegen. Durch die Reduzierung von Luft aus den Produktverpackungen, lassen sich benötigte Transport- und Lagerflächen minimieren. Durch die geringeren Transportflächen lassen sich, wie auch durch die optimale Beladung von Containern, Transporte einsparen.[89] Der Einsatz eines Routenplanungssystems kann in Zukunft, nach bestandenen Tests bei LKW-Fahrten eingesetzt werden. Dieses System hat als wichtigste Aufgabe nicht mehr Kilometer, als nötig zurück zu legen. Es handelt sich um eine dynamische Tourenplanung, welche die aktuelle Verkehrslage und auch kurzfristige Änderungen von Aufträgen berücksichtigt. Eine Umplanung der Route ist somit jederzeit möglich. Somit wird die Effektivität von Transporten gesteigert und die CO_2-Emissionswerte werden durch eingesparte Kilometer stark reduziert. Nicht vollständig ausgelastete Transporte per LKW, Zügen und Containern sind eines der größten Herausforderungen in der Logistik. Allein in der EU sind 25% aller gefahrenen LKW-Kilometer, Leerfahrten. Diese sind nicht nur unwirtschaftlich, sondern ziehen auch hohe Umweltkosten nach sich. Insgesamt waren LKWs in der EU an 1620 Millionen Tonnen CO^2-Emissionen verantwortlich. Auf Leerfahrten entfielen demnach 405 Millionen Tonnen unnötige Treibstoffemissionen. Die Hauptgründe für die anfallenden Leerfahrten sind vielfältig. Hier liegen die Schwierigkeiten in einer schlechten Koordination von Beschaffung, Vertrieb und Logistik, großen Nachfrageschwankungen, unzuverlässige Lieferabrufe, Beschränkungen für Fahrzeuggröße und -gewicht; Unvereinbarkeit von Fahrzeugen und Produkten; Anforderungen an die Handhabung von Gütern; Just-in-Time-Lieferungen sowie Regulierungen (z. B. Kabotage Beschränkungen in Europa, die dazu führen, dass Lkw nach einer Lieferung in ein anderes EU-Mitgliedsland leer weiterfahren müssen). Die Priorität liegt bei den Unternehmen in der Fahrzeugauslastung, was auf die steigenden Treibstoffpreise zurück zu führen ist. Eine Zusammenarbeit für Wettbewerber als auch Mitglieder derselben Lieferketten, ruft für beide Seiten einen großen Vorteil hervor. *„Eine Optimierung des Ladefaktors der LKW ist eine aus ökologischer und ökonomischer Sicht gleichermaßen attraktive Option zur Steigerung der Nachhaltigkeit."*[90] Zur Beladung und zum Transport von Containern bei Speditionen und in Hafenanlagen werden immer häufiger Elektrofahrzeuge eingesetzt. Die Beladung der LKWs erfolgt in der Regel über Elektrostapler, die Batteriebe-

---

[89] Vgl. Logistik Heute – Den grünen Fußabdruck im Fokus, Ausgabe Dezember 2011, S. 26f.
[90] Deutsche Post AG, Delivering Tomorrow - Zukunftstrend Nachhaltige Logistik, Oktober 2010, S. 93f.

trieben sind. Im Container Terminal Altenwerder werden zurzeit batteriebetriebene Container-transporter getestet. Diese können bis zu 60t schwere Container innerhalb des Geländes transportieren. Der Einsatz solcher Elektrofahrzeuge erzeugt keine Kohlenstoffdioxide, da der Strom zum Aufladen der Batterien aus erneuerbaren Energien gewonnen wird.[91] Innovative Strategien, wie bspw. eine Kooperation zwischen mehreren Speditionsunternehmen, können einen wichtigen Beitrag zur Senkung der CO_2-Emissionswerte leisten. Beide Unternehmen können Transportflächen gegenseitig optimal nutzen und so Transporte und Kosten einsparen.[92] Konsumenten sind wieder bereit, mehr Geld für ökologisch hergestellte Produkte zu zahlen. *„Die Tendenz geht hin zu grünen Waren".*[93] Im Jahr 2010 wurde auf den wichtigsten Handelswegen über 13 Millionen Container leer transportiert, was ca. 30% der Importe und Exporte auf diesen Routen entspricht.

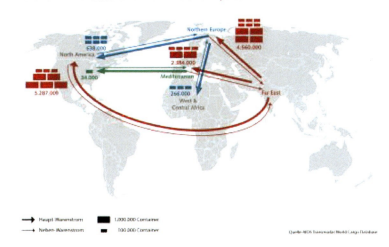

Abbildung 16: Container-Management auf den wichtigsten Handelsrouten der Welt
Quelle: Forschungs-Informations-System,
http://www.forschungsinformationssystem.de/servlet/is/381072/, 08.03.2012

[91] Vgl. HHLA, http://hhla.de/de/foto-film/filme/batterie-agv.html, „o. J."
[92] Vgl. Logistik Heute – Den grünen Fußabdruck im Fokus, Ausgabe Dezember 2011, S. 26f.
[93] Logistik Heute – Den grünen Fußabdruck im Fokus, Ausgabe Dezember 2011, S. 27

Der Leercontainer Transport in Hamburg liegt bei ca.10% aller umgeschlagenen Container. Für Reedereien ist der Transport von Leercontainern auf den ersten Blick häufig zwar die teurere, aber unumgängliche Lösung. Die Kosten solcher Leertransporte kostet Reedereien und anderen Logistikunternehmen jährlich mehrere Milliarden. Überkapazitäten führen bei den Unternehmen bereits zu enormen Preisdruck. Leertransporte von Container lassen sich nicht komplett vermeiden.[94] Sie sind beispielsweise bei stark unterpaarigen Transportströmen nicht zu vermeiden, insbesondere auf den dominierenden Ost-West-Langstreckenverkehren Transpazifik, Europa-Ostasien und Nordatlantik Es besteht eine große Differenz zwischen Import- und Exportmengen, auf den wichtigsten Handelsrouten.[95] Dies führt zu einer Ansammlung von Leercontainer, vor allem in Europa und den USA. Aus diesen Regionen werden weit weniger Güter nach Asien transportiert als umgekehrt. Daher besteht ein hoher Bedarf an leeren Containern, in stark exportierenden asiatischen Ländern. Allein in den Häfen der USA kommen somit jährlich 5,3 Millionen Leercontainer zusammen. Experten zufolge wird diese Zahl bis 2013 um weitere 200.000 Leercontainer ansteigen. Auf der Strecke Shanghai-Rotterdam belaufen sich die Leertransporte auf 4,5 Millionen Container p.a. Es wird geschätzt dass dieser Wert bis zum Jahr 2013 um weitere 700.000 steigt. Diese Art der Leertransporte wird als „Repositionierung" bezeichnet, die mit Abstand, die teuerste Lösung ist.

Die Entwicklung von Softwarelösungen kann Leertransporte von Containern und die daraus resultierenden Kosteneffekte reduzieren. Häufig werden Container erst in mehreren Wochen an ihrem nächsten Einsatzort benötigt. Eine komplizierte, aber kosteneffektivere Lösung wäre die Beladung der Container zumindest auf einem Teil der Rückreise. Das Bewegungsprofil für Container ist sehr kompliziert und hinzukommt, dass die Container unterschiedliche Eigentümer haben. Hierzu bedarf es einer Reihe von Informationen und insbesondere der Zusammenarbeit der großen Linienreedereien: Wo und in welchem Zustand befindet sich gerade ein Container und wer ist der Eigentümer? Es sind eine Menge interner und externer Daten zu berücksichtigen, wie bspw. unterschiedliche Buchungssysteme der Reedereien, Bewegungsdaten von Terminals und Umschlagdepots, Freigaben der Zollbehörden, Adressen, Containerkennungen sowie Transportmöglichkeiten von Subunternehmen wie Speditionen,

---

[94] Vgl. Nielsen + Partner, http://www.nundp.com/site/objects/download/779_20111130ContainerManagementKostentreiberLeertransporte.pdf, 2012
[95] Vgl. Deutsche Schiffsbank, Geschäftsbericht 2005, S.17

Bahnverkehr und Binnenschifffahrt. Der erste Schritt ist das Sammeln der notwendigen Daten, die anschließend noch aufbereitet werden müssen, dass man diese auch verwenden kann. Vorab müssen also – ähnlich wie beim Schach – mehrere Züge im Voraus berechnet werden. Welcher Container steht am Tag „X" in „Y" für eine Fahrt nach „Z" zur Verfügung. Wie lange dauert die Reise nach „Z" und welche Güter warten in „Z" bei Ankunft des Containers auf den Transport wohin. Nur so lassen sich Leertransporte vermeiden. Die Leerfahrt eines Containers kostete im Jahr 2008 einschließlich aller zu entrichtenden Gebühren ca. 400 US-$. Für 54,5 Millionen Leercontainer sind Kosten von rund 22 Milliarden US-$ entstanden, von den hohen und sinnlosen Treibhausemissionsgasen mal ganz abgesehen.[96] Der Seeschiffsverkehr ist in den vergangenen vier Jahrzehnten kräftig gestiegen. Die Betriebskosten eines großen Containerschiffes bestehen zu gut 50% aus Treibstoffkosten – Tendenz steigend. Pro Tag verbraucht ein Schiff bis zu 300t Treibstoff. Treibstoff ist erstens teuer und zweitens auch hochgiftig, da es sich hierbei um Schweröl - auch Bunkeröl genannt - handelt. Dieses enthält Schwefel- und Partikelemissionen was sehr umweltbelastend ist. Im Schiffsverkehr gibt es eine Reihe an Maßnahmen, welche sich verbrauchssenkend auswirken. Es besteht die Möglichkeit Schiffe unterhalb der Wasseroberfläche mit besonders umweltfreundlichen Silikonanstrichen zu versehen, was eine Verringerung des Reibungswiderstandes des Wassers zur Folge hat. Im Jahr 2008 hat „SkySails" eine preisgekrönte Erfindung vorgestellt. Bei dieser Erfindung handelt es sich um ein Windantriebssystem. Bei Schiffen führt der Einsatz des „SkySail"-Systems zu einer Reduzierung des Treibstoffverbrauchs zwischen 10 und 35%. Bei optimalen Windbedingungen kann der Treibstoff bis 50% reduziert werden, was dazu beiträgt, dass der Treibstoffverbrauch und der Ausstoß der Kohlenstoffdioxide gesenkt wird, was einen kleineren CO_2-Fußabdruck zur Folge hat. Dieses System ist auf nahezu allen Schiffen nachrüstbar. Auf Neubauten kann dieses System gleich mit installiert werden. „SkySails" operiert in Höhen von 100-300m, in denen stärkere und stetigere Winde vorherrschen. Der Einsatz dieses Systems eignet sich nicht nur für Vorwindkurse, sondern eignet sich auch für Kursänderungen von bis zu 50°, welche am Wind

---

[96] Vgl. Nielsen + Partner, http://www.nundp.com/site/objects/download/779_20111130ContainerManagementKostentreiberLeer-transporte.pdf, 2012

gefahren werden können. Der Einsatz erfolgt auf offener See, außerhalb der 3-Meilen-Zone und zusätzlich zum vorhandenen Antrieb.[97]

Abbildung 17: „SkySails" im Einsatz auf einem Containerschiff
Quelle: Frankfurt Rundschau,
http://www.fronline.de/image/view/3263368,1114511,highRes,maxh,480,maxw,480,Beluga%2BS
kySails%2B%252528media_719452%252529.jpg, 11. August 2009

In einer weiteren Testphase befinden sich ca. 12 norwegische Schiffe, die mit verflüssigtem Erdgas betrieben werden. Der Einsatz von LNG soll zu einer CO^2-Reduzierung von ca. 25% gegenüber bisherigen Treibstoffen führen, Feinstaub und Schwefeldioxid sollen sogar komplett entfallen. Schiffe der Zukunft (2030er Jahre) sollen bis zu 70% weniger CO^2 verursachen. Unter anderem soll dies durch eine leichte, spritsparende Bauweise und mit Hilfe von künstlich erzeugten Luftblasen unter dem Schiffsboden erfolgen, was die Reibung im Wasser reduziert.[98] Eine Lösung für eine Verringerung des CO_2-Fußabdrucks in der Container Logistik, ist der Einsatz von Bambus in Containern. Zurzeit werden die meisten Container immer noch mit Harthölzern ausgestattet. Für die Zukunft möchte man hier verstärkt Bambus als Bodenbelag nutzen. Bambus ist ein schnell heranwachsendes sehr hartes Holz. Es benötigt lediglich 4 Jahren bis es gebrauchsfertig herangewachsen ist. Tropenhölzer

---

[97] Vgl. Bretzke W.-R., Barkawi K., Nachhaltige Logistik – Antworten auf eine globale Herausforderung, 2010, S. 76ff.
[98] Vgl. Wirtschaftswoche (Sonderheft), Nr. 22, Energie, 26.05.2012, S. 13

haben eine viel längere Wachstumsphase bis diese gebrauchsfertig sind. Der Einsatz von Bambus ist im Moment noch nicht überall zugelassen. Auf lange Sicht lässt sich der Einsatz von Tropenhölzern somit bis nahezu Null in diesem Bereich reduzieren. Auch die verschiedenen Containertypen bieten eine Reihe an Verbesserungsmöglichkeiten, wie sich die CO_2-Emissionswerte verringern lassen. Die Anzahl der Kühlcontainer wird weiterhin ansteigen und spielt somit eine immer wichtigere Rolle in der Container Logistik. Diese „Reefer"-Container (Kühlcontainer) müssen im Inneren eine konstante Temperatur halten. Dazu wird elektrische Energie benötigt. Hier besteht somit großes Verbesserungspotenzial. Je größer das Fassungsvolumen der Kühlcontainer, desto umweltfreundlicher sind sie. Es werden nur umweltfreundliche Kühlmittel eingesetzt[99] und der Einsatz einer effizienteren Scroll Kompressor Technologie ermöglicht eine Verbesserung des Energieverbrauchs bis zu 40%, als herkömmliche Aggregate.[100]

3.5 Bewertung der derzeitigen Situation mit Hilfe der ausgewerteten Fragebögen

Der Fragebogen „Unternehmensbefragung zum Stand der Grünen Logistik in der deutschen Speditions- und Logistikbranche" stand ca. 6 Wochen lang online zur Verfügung. Außerdem wurden mehrere handschriftliche Formulare ausgefüllt. Nach Beendigung der Umfrage habe ich mit der Datenauswertung begonnen. Ich möchte Ihnen nun die endgültigen Ergebnisse vorstellen. Insgesamt haben 13 Unternehmen aus allen Logistikbranchen (Schienengüter-und Straßengüterverkehr, Schifffahrt, Binnenschifffahrt und Luftfahrt) den Fragebogen ausgefüllt und ihre Sicht der Dinge in Bezug auf nachhaltige Logistik im Unternehmen preisgegeben. Der Fragebogen gliedert sich wie folgt: der erste Teil befasst sich mit der Struktur des Unternehmens; der zweite Teil befasst sich mit dem Verständnis der „Grünen Logistik" und den damit zusammenhängenden Anforderungen; der dritte Teil befasst sich mit Umweltmanagementsystemen. Die Auswertung wird mit Hilfe von Diagrammen dargestellt. An der

---

[99] Vgl. Hamburg Süd,
http://www.hamburgsud.com/group/de/corporatehome/qualityenvironment/containerlogistics/reefer_1/reefer.html, "o. J."
[100] Vgl. Hamburg Süd,
http://www.hamburgsud.com/group/de/corporatehome/qualityenvironment/containerlogistics/__scrollcomponent/scrollcompression_1.html, "o. J."

Umfrage haben Unternehmen jeglicher Rechtsform und von 50 – 14000 Mitarbeitern teilgenommen.

Das erste Diagramm gibt einen Überblick, welche Verkehrsträger von denen an meiner Umfrage teilgenommenen Unternehmen, vermehrt eingesetzt werden.

Abbildung 18: Frage 1.4, Einsatz Verkehrsträger (n=13)

Diagramm 2 gibt eine Übersicht über die Verladerbranchen, für welche die Unternehmen tätig sind. Fast alle Unternehmen sind für viele unterschiedliche Verladerbranchen tätig. Hierunter fallen unter anderem die Automotive-Industrie, Lebensmittelindustrie und auch die Elektronik und „High-Tech" Branche.

Abbildung 19: Frage 1.5, Einsatz Verladerbranchen (n=13)

50

Die Unternehmen haben alle verschiedene Leistungsbereiche bzw. Schwerpunkte in denen sie tätig sind. Diese Leistungsschwerpunkte werden in folgendem Diagramm aufgezeigt. Mehr als ¼ der befragten Unternehmen sind für Teil- und Komplettpartien, 20% sind im Sammelgutverkehr und 16% im Umschlag tätig. Die restlichen 36% fallen auf Bulkladungen, die Lagerhaltung, die Zollabwicklung und den Paket- und Expressdienst.

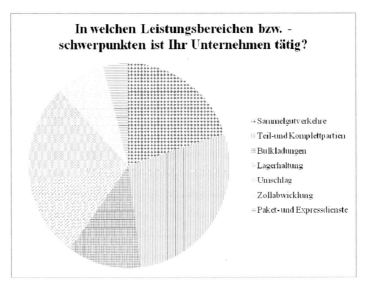

In welchen Leistungsbereichen bzw. -schwerpunkten ist Ihr Unternehmen tätig?

- Sammelgutverkehre
- Teil-und Komplettpartien
- Bulkladungen
- Lagerhaltung
- Umschlag
- Zollabwicklung
- Paket- und Expressdienste

Abbildung 20: Frage 1.6, Leistungsbereiche und -schwerpunkte (n=13)

In meiner Studie ist der kombinierte Verkehr einer der wichtigsten Punkte, wie Unternehmen nachhaltig arbeiten können, die Umwelt dadurch schonen und gleichzeitig auch wirtschaftlich sind. 75% der befragten Unternehmen nutzen den kombinierten Verkehr aus Straße/Schiene. Immerhin 25% der Unternehmen nutzen den kombinierten Verkehr bisher noch nicht.

Nutzen Sie den kombinierten Verkehr aus Straße/Schiene?

- Ja
- Nein

Abbildung 21: Frage 1.7a, kombinierter Verkehr Straße/Schiene (n=12)

Wenn es um die Frage nach weiteren Varianten des kombinierten Verkehrs geht, fällt auf, dass 36% keinen weiteren kombinierten Verkehr nutzen. Hier stellt sich die Frage, ob die Unternehmen wirklich alle Möglichkeiten für nachhaltiges Handeln ausschöpfen. 45% nutzen den kombinierten Verkehr aus Straßen- und Schiffsverkehr, jeweils 9% der Unternehmen nutzen zudem noch die Kombination aus Seeschifffahrt und Luftfracht, sowie Luftfracht und den Schienenverkehr.

Abbildung 22: Frage 1.7b, Nutzung eines weiteren kombinierten Verkehrs (n=11)

Das folgende Diagramm gibt eine Übersicht über die Relationen oder Destinationen, die von den Unternehmen bedient werden. Dieses Diagramm zeigt dass Güter und Dienstleistungen von Deutschland aus, in die ganze Welt gehen. 60% aller Relationen gehen auf Transporte innerhalb Deutschlands, West- und Osteuropas zurück. Die restlichen 40% der Transporte gehen nach Afrika, Australien, Amerika und Asien.

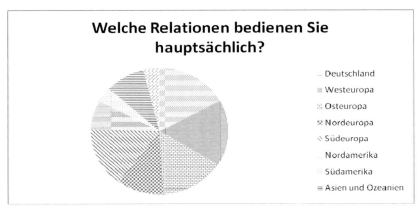

Abbildung 23: Frage 1.9, Bediente Relationen (n=13)

Im zweiten Teil des Fragebogens wird aufgezeigt, was die Unternehmen unter dem Begriff der „Grünen Logistik" verstehen und ob die Unternehmen bereits in diesem Bereich tätig geworden sind. Dieses Diagramm zeigt, dass die Unternehmen bereits von „Grüner Logistik" gehört haben. 92% der Befragten stimmen der Aussage voll zu, 8% stimmen der Aussage eher zu, dass die optimale Auslastung und Bündelung von Verkehren sich positiv auf die Reduzierung von CO_2-Emissionen auswirken.

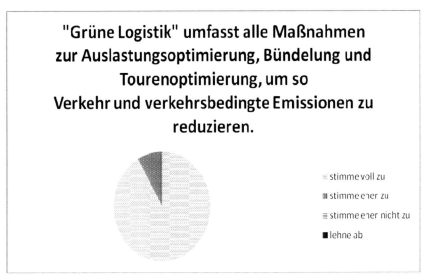

Abbildung 24: Frage 2.1a, „Grüne Logistik" umfasst alle Maßnahmen, verkehrsbedingte Emissionen zu reduzieren (n=12)

„Grüne Logistik" bezeichnet die bewusste Gestaltung umweltfreundlicher Logistikprodukte, die im Gegensatz zur klassischen Logistik einen umweltfreundlichen Mehrwert bieten. In diesem Punkt sind sich die Unternehmen nicht einig. 17% der befragten Unternehmen stimmen dieser Aussage nicht zu. Hier kann man den Schluss ziehen, dass die Unternehmen doch noch Lücken im Bereich Nachhaltigkeit haben und die Vorteile der „Grünen Logistik" noch nicht kennen. Immerhin stimmen 33% der Unternehmen dieser Aussage voll zu. Die restlichen 50% stimmen der Aussage eher zu.

Abbildung 25: Frage 2.1b, „Grüne Logistik" ist die bewusste Gestaltung umweltfreundlicher Logistikprodukte (n=12)

Ein weiteres Indiz für unzureichende Aufklärung der Unternehmen im Bereich der nachhaltigen Logistik wird durch die folgende Abbildung deutlich. „Grüne Logistik" wird in 25% der befragten Unternehmen nicht in der nötigen Form betrieben. 75% der Unternehmen betreiben bereits „Grüne Logistik" in der von Ihnen verstandenen Form. Hier sollte Aufklärungsarbeit betrieben werden, um auch die 25% der befragten Unternehmen hin zur „Grünen Logistik" zu bewegen.

Wird "Grüne Logistik" in der von Ihnen verstandenen Form in Ihrem Unternehmen bereits betrieben?

≡ Ja
Nein

Abbildung 26: Frage 2.2, Einsatz „Grüne Logistik" im Unternehmen (n=12)

Die Gründe weshalb 73% der Unternehmen bereits „Grüne Logistik" betreiben sind vielfältig. 32 % der Unternehmen gaben an, „Grüne Logistik" zu betreiben um Kosten einzusparen, weitere 27% tuen dies aus eigener Verantwortung gegenüber der Umwelt. Weitere Gründe sind, Kundenanforderungen, gesetzliche Auflagen oder die Verbesserung des Unternehmens-images (14 %). Erstaunlich der niedrige Anteil (lediglich 9%) der auf Kundenanforderungen basiert.

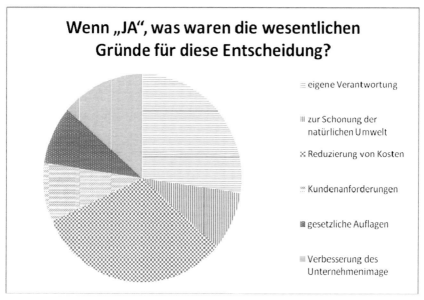

Wenn „JA", was waren die wesentlichen Gründe für diese Entscheidung?

≡ eigene Verantwortung

Ⅲ zur Schonung der natürlichen Umwelt

✕ Reduzierung von Kosten

▨ Kundenanforderungen

▦ gesetzliche Auflagen

▥ Verbesserung des Unternehmenimage

Abbildung 27: Frage 2.2, Gründe für eine „Grüne Logistik" (n=8)

„Grüne Logistik" wird in einem Drittel aller Unternehmen, aus vielen unterschiedlichen Gründen immer noch nicht betrieben. Die häufigsten Gründe sind fehlendes Personal und zu hohe Kosten. Weitere Gründe sind, dass es bisher hierfür keine Anforderungen gab und dass andere Themen wichtiger sind und somit vorgehen.

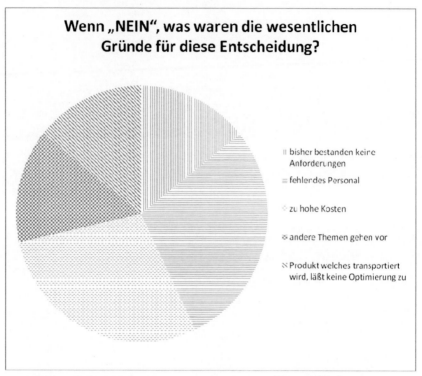

Abbildung 28: Frage 2.2, Weshalb „Grüne Logistik" nicht betrieben wird? (n=5)

Zu der Frage, ob es von Verladern bereits Anforderungen an Unternehmen, nach nachhaltiger Logistik gab, antworteten 80% mit Nein, nur 20% mit Ja.

Diese Aussage spiegelt sich auch in folgendem Diagramm nieder. Die meisten Unternehmen gaben an, dass der zukünftige Druck bzgl. „Grüner Logistik", größtenteils von der Politik ausgehen wird, knapp gefolgt von der Gesellschaft, die sich mehr Nachhaltigkeit der Produkte wünscht und mit etwas Abstand dahinter wird der Druck der von den Verladern ausgeht.

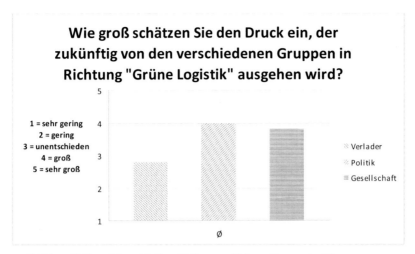

Wie groß schätzen Sie den Druck ein, der zukünftig von den verschiedenen Gruppen in Richtung "Grüne Logistik" ausgehen wird?

1 = sehr gering
2 = gering
3 = unentschieden
4 = groß
5 = sehr groß

Verlader
Politik
Gesellschaft

Abbildung 29: Frage 2.3c, zukünftiger Einfluss verschiedener Gruppen (n=12)

Bei der Frage welche Maßnahmen Unternehmen im Bereich der „Grünen Logistik" getroffen haben, bzw. welche in Vorbereitung sind, ist auffällig dass meistens die Bündelung von Verkehren, die Modernisierung des Fuhrparks, die IT-basierte Tourenplanung sowie die Nutzung des kombinierten Verkehrs die meiste Aufmerksamkeit erregen. Weniger Interessant für einen Großteil der befragten Unternehmen sind dagegen die Modernisierung der Gebäude, die Dezentralisierung von Logistikstrukturen sowie Fahrpersonalschulungen.

Welche Maßnahmen führen Sie im Bereich der "Grünen Logistik" durch?

Dezentralisierung vor...
Fahrpersonalschulungen
Nutzung des kombinierten Verkehrs
Modernisierung Gebäude
Modernisierung Fuhrpark
IT-basierte Tourenplanung
Bündelung von Verkehren

nicht geplant
geplant/in Vorbereitung

unwichtig   sehr wichtig

Abbildung 30: Frage 2.4, Geplante und nicht geplante Maßnahmen in der „Grünen Logistik" (n=12)

Eine Übersicht wie sich die Unternehmen selbst im Gegensatz zur Konkurrenz in Sachen Nachhaltigkeit sehen, zeigt die folgende Übersicht. Sehr interessant an dieser Auswertung ist, dass sich etwas weniger als die Hälfte (45%) der befragten Speditionen und Logistikunternehmen vom Entwicklungsstand weiter sehen als der Branchendurchschnitt. Knapp 18% gaben an, dass Sie in der Entwicklung nicht so weit sind wie der Branchendurchschnitt. 36% sehen sich in der Entwicklung gleichauf mit dem Branchendurchschnitt.

Abbildung 31: Frage 2.5, Entwicklungsstand Ihres Unternehmens (n=11)

Bei der Frage ob Spedition/Logistik und ökologisches Handeln grundsätzlich gegensätzlich sind, sprach sich der Großteil dagegen aus. 82% stimmten dieser Aussage nicht zu. Lediglich 18% sind der Meinung dass Logistik/Spedition nicht mit ökologischem Handeln vereinbar ist.

In der letzten Frage des Fragebogens ging es darum raus zu finden, welche Art von Instrumenten, die Unternehmen einsetzen, um die Ergebnisse des Umweltmanagements zu ermitteln und nachvollziehen zu können. 33% setzen hier auf Statistiken, 29% auf Kennzahlen und 19% auf die Ökobilanz, 5% die ökologische Buchhaltung sowie die Stoffflussanalyse und 10% setzen keinerlei Instrumente ein.

Abbildung 32: Frage 3.2, Einsatz von Instrumenten (n=12)

4 Analyse und erforderliche nachhaltige Verbesserungsmaßnahmen der Unternehmen, nach Auswertung der Fragebögen

Die Studie zeigt auf, dass Containertransporte aus unserer heutigen Zeit nicht mehr wegzudenken sind und in Zukunft weiter ansteigen werden. (siehe Abb.: 3) Die Transport- und Speditionslogistik trägt einen großen Anteil an den weltweit produzierten CO_2-Emissionen.[101] Für die Zukunft wird von einer höheren CO_2-Belastung ausgegangen, bis zum Jahre 2050 um bis zu 52%.[102] Dem Anstieg der Treibhausgase, der in Zukunft einen großen Einfluss auf unsere Umwelt nehmen wird, muss mit Hilfe von geschultem Personal, Einsatz von Systemen zur Wegeoptimierung und logistischen Gesamtprozessen, sowie durch den Einsatz neuer und moderner Technologien, entgegengewirkt werden.

27% der befragten Unternehmen haben angegeben, dass „Grüne Logistik" in ihrem Unternehmen noch nicht betrieben wird. Die Gründe hierfür liegen laut den Unternehmen, dass das nötige Personal fehlt (29%), „Grüne Logistik" zu hohe Kosten nach sich zieht (29%), bisher keine Anforderungen bestanden (14%), andere Themen vorgehen (14%), oder sie der Meinung sind, dass das transportierte Produkt keine Optimierung zulässt. Hier besteht Nachholbedarf. Den Unternehmen muss aufgezeigt werden, welche Vorteile es für Sie hat, eine nachhaltige Logistik einzuführen. Informationsveranstaltungen könnten einen großen Beitrag leisten, Wissenslücken und Umsetzungsschwierigkeiten in Unternehmen auszumerzen.

Unternehmen die bereits eine „Grüne Logistik" betreiben, wurden befragt, aus welchen Gründen Sie dies tun. „Grün bringt Geld" hat die Münchener Managementberatung Biesalski & Company ermittelt. Die Studie ermittelte eine 5%ige Umsatzsteigerung für Unternehmen, welche mit einem „Grünen" Image wirtschaften.[103] Hierzu zitiere ich einen Ausschnitt: *„Nachhaltigkeit ist ein ebenso wichtiger Faktor wie Qualität, Attraktivität des Produkts und wirtschaftlicher Erfolg der Marke."[104]* In meiner Umfrage haben lediglich 14% der befragten Unternehmen angegeben, dass die Aufwertung des Unternehmensimages der Grund war, eine nachhaltige Logistik einzuführen. Der größte Teil der befragten Unternehmen können keine Vorteile des Unternehmensimages in Verbindung mit der Nachhaltigkeit erkennen.

---

[101] Vgl. DB Schenker,
http://www.dbschenker.com/site/logistics/dbschenker/com/de/ueber__dbschenker/kompetenzportfolio/
impuls/gruene__logistik.html, 2012
[102] Vgl. Martin R., Zukunftsentwicklungen, Klimaschutz – Erhöhung der Kostenprognose, 10.11.2008
[103] Vgl. Wirtschaftswoche Nr. 23, Die Gut-Geschäftler, 04.06.2012, S. 112
[104] Wirtschaftswoche Nr. 23, Die Gut-Geschäftler, 04.06.2012, S. 112

Informationsveranstaltungen und geschultes Personal sind Möglichkeiten, die Wissenslücken in Unternehmen zu reduzieren. Ca. 5% mehr Umsatz erzielen Unternehmen, durch ein „Grünes Image".[105] Das gilt es, den oben genannten 27% der Unternehmen, zu vermitteln. Bei der Frage des fehlenden Personals stellt sich die Frage, ob die Unternehmen entsprechende Stellen überhaupt vorgesehen haben oder ob es sich hier, um einen Mangel an nicht vorhandenem und nicht geschultem Personal handelt. Wenn es sich um einen Mangel handeln sollte, müssen die Politik und das Bildungsministerium eingreifen und an den Problemstellen nachbessern und ggf. neue Studiengänge, Unterrichtsmethoden, Lehrmittel entwickeln und Lehrpersonal aus- und weiterbilden.

18% der befragten Unternehmen haben angegeben, dass Ihr Unternehmen im Entwicklungsstand der „Grünen Logistik" nicht so weit ist, wie es der Branchendurchschnitt ist. Hier haben es die Unternehmen scheinbar verpasst, rechtzeitig, eine nachhaltige Logistik aufzubauen, bzw. ein nachhaltiges Produkt zu erstellen. Auch hier gilt es festzustellen, weshalb eine „Grüne Logistik" für die Unternehmen bisher nicht in Frage kam. Diese Mängel gilt es schnellstmöglich zu beheben, bevor es zu spät ist und die Konkurrenz auf und davon ist. Die Gesellschaft wird ein nicht handeln der Unternehmen, auf Dauer abstrafen, indem Sie sich für die nachhaltigen Produkte der Konkurrenz entscheiden. Hierzu gibt es in der Zeitschrift der Wirtschaftswoche eine schöne Übersicht. Diese Übersicht zeigt ein Nachhaltigkeits-Ranking deutscher Unternehmen im Urteil der Konsumenten auf. Die heute insolvente Drogeriekette „Schlecker" befindet sich dort auf dem 101. und letzten Platz, wobei der Konkurrent „dm"-Drogeriemarkt den 10 Platz belegt. Hier sind wir dann erneut bei der Wichtigkeit des „Grünes Images" angelangt.[106]

Bei der Frage, welche Verkehrsträger von den Unternehmen eingesetzt werden, haben 26% der befragten Unternehmen ausgesagt, dass Sie den Straßengüterfernverkehr nutzen und lediglich 9% der Unternehmen nutzen den Bahnverkehr. Weshalb wird der Bahnverkehr nicht viel mehr genutzt? Aus der Abbildung 15 ist zu ersehen, dass der Bahnverkehr von den Kosten her günstiger und die CO_2-Effizienz höher ist, als wenn man den Straßengüterfernverkehr nutzt. Ein höherer Wettbewerb im Bahngüterverkehr würde sich positiv auf die Kosten für Speditionen auswirken, was den Einsatz des kombinierten Verkehrs, aus Schiene und Straße (Nahverkehr) verstärken würde. Die Nutzung des kombinierten Verkehrs nutzt die

---

[105] Vgl. Wirtschaftswoche, Nr. 23,Die Gut-Geschäftler, 04.06.2012, S.112
[106] Vgl. Wirtschaftswoche Nr. 23, Die Gut-Geschäftler, 04.06.2012, S.111

Vorteile des jeweiligen Verkehrsmittels und entlastet die Umwelt durch geringere CO^2-Treibhausgase (siehe Abb.:4).[107] Die Umfrage hat ergeben, dass diese Art des kombinierten Verkehrs von den befragten Unternehme nicht angewandt wird. Wie kommt es, dass dieser kombinierte Verkehr nicht mit berücksichtigt wird? Vor allem dürfte es auf die fehlende Technologie und die noch etwas höheren Kosten (siehe Abb. 15) als im Straßengüterverkehr zurückzuführen sein. Bei der Frage nach den bedienten Relationen, hat sich herausgestellt, dass mehr als ¾ der befragten Unternehmen hauptsächlich Güter innerhalb Europas transportieren. Das Problem im Schienenverkehr innerhalb Europas, aber auch weltweit, liegt an den unterschiedlich genutzten Schienensystemen der einzelnen Länder. Durch den Einsatz und die Weiterentwicklung von Mehrsystemloks, wären Transporte innerhalb Europas, aber auch von und nach Asien, ohne zusätzliche Umschläge möglich.[108] Vor allem die Politik, aber auch der Einfluss der Gesellschaft, dürfte in Zukunft, aber auch bereits heute, die „Grüne Logistik" in den Unternehmen weiter beeinflussen und zu einer schnelleren Umsetzung führen. Die Umfrage hat ergeben, dass der zukünftige Druck der Politik und der Gesellschaft auf die verschiedenen Gruppen als groß eingeschätzt wird.

Bei der Frage welche Maßnahmen im Bereich der „Grünen Logistik" geplant sind oder bereits durchgeführt wurden, hat die Umfrage ergeben, dass fast alle Unternehmen großes Potential in der Modernisierung des Fuhrparks sehen. Wie nur sollen LKW-Fahrer mit diesen neuen Technologien in Fahrzeugen umgehen, wenn mehr als 50% der Unternehmen angegeben haben, keine Fahrpersonalschulungen geplant zu haben. In diesem Bereich sehe ich sehr großes Einsparpotential, denn 30 % der LKW-Gesamtkosten sind alleine auf die Treibstoffkosten zurückzuführen.[109] Solche Fahrerschulungen sollten von den Speditionen für alle Fahrer vorgesehen werden. Diese Fortbildung wird sich sehr schnell bezahlt machen. Angehende LKW-Fahrer sollten von Fahrschulen für eine umweltbewusste Fahrweise sensibilisiert werden.

---

[107] Vgl. Transportberater für den Schienengüterverkehr, http://www.transportberater.portal-c.info/ausblicke.html, „o. J."
[108] Vgl. Dr. Linsmeier K.-D., Spektrum, http://spektrum.de/alias/dachzeile/effizienter-container-umschlag-zwischen-strasse-und-schiene/823261, 01.09.1996
[109] Vgl. TÜV-Süd Akademie, http://www.tuev-sued.de/akademie-de/seminare-technik/eu-berufskraftfahrer-richtlinie/weiterbildung-fuer-lkw-fahrer/5125007-eco-training-lkw/2012-5125007-eco-training-lkw-2012?cnsl_prodNr=5125007&other=&cnsl_marketingSource=&shopId=akd&, 2012

5 Fazit

Diese Studie gibt einen Überblick, wie wichtig das Thema „Nachhaltigkeit" bereits heute für Logistik- und Speditionsunternehmen ist und wie wichtig das Thema der nachhaltigen (Container-)Logistik für die Zukunft sein wird.

Wirtschaftsentwicklung und Welthandel führen zu Containerschifffahrt. Aufgrund der beobachteten Zusammenhänge und der Durchdringung des Weltseehandels durch den Container, wird auch in Zukunft mit einem Wachstum von um 7% p.a. erwartet.

Die Container Logistik ist aus der heutigen Zeit nicht mehr wegzudenken. Durch die Container Logistik findet ein schneller und günstiger Austausch der benötigten Güter, zur Versorgung der Weltbevölkerung statt.Logistiktransporte tragen einen großen Anteil an den weltweit produzierten CO^2-Emissionen mit bei.

Forscher und Entwickler sind aufgefordert, die ständige Weiterentwicklung von Logistikketten, Systemen und Technologien voranzutreiben. Unternehmen und Konsumenten müssen Nachhaltigkeit denken und dies anderen Menschen vorleben, nur so schafft man es, Natur und Umwelt nicht weiter zu zerstören und unseren Kindern und Enkeln eine lebenswerte Zukunft zu ermöglichen.

Einer der Schwerpunkte dieser Studie, liegt in der Unternehmensumfrage. Ich habe mit Hilfe einer Studie der Hochschule Heilbronn, einen Fragebogen zur nachhaltigen Logistik zusammengestellt. Der Fragebogen war mehrere Wochen online verfügbar. Diesen habe ich mit Hilfe des Internets und verschiedensten Netzwerken, vor allem auf Xing, verbreitet. Telefonate mit Unternehmen haben mir nur wenig weitergeholfen, da die Ansprechpartner meist nicht verfügbar waren und Fragebögen mir nur selten ausgefüllt zurückgesendet wurden. Insgesamt habe ich für die Erstellung und für die Verbreitung des Fragebogens in den Unternehmen und Netzwerken sehr viel Zeit investiert. Lediglich 13 Unternehmen haben an der Umfrage teilgenommen. Durch die geringe Anzahl an ausgefüllten Fragebögen, kann keine repräsentative Auswertung vorgenommen werden. Meine Auswertung gibt lediglich eine Tendenz wieder. Insgesamt habe ich mir etwas mehr Beteiligung der Unternehmen bei meiner Umfrage erhofft.

Im Anhang befinden sich lediglich fünf von Hand ausgefüllte Fragebögen und drei in Form einer Excel Tabelle, welche von der Online Umfrage http://www.umfrageonline.com/?url=survey stammen.

Anfang Juni 2012 hat ein Trojaner einen Teil meiner Studie zerstört, leider auch 5 ausgefüllte Fragebögen.

Mit Hilfe der Unternehmensbefragung zum Stand der „Grünen Logistik" in der deutschen Speditions- und Logistikbranche kann eine Übersicht über die Wichtigkeit der nachhaltigen Logistik für heutige Unternehmen dargestellt werden. Ebenfalls zeigt die Auswertung der Fragebögen, Schwächen und Verbesserungspotential einzelner Unternehmen auf. Diese Schwächen und das zum Teil, auch nicht vorhandene Wissen zeigen, dass hier auf Seiten der Unternehmen Nachholbedarf besteht.

Selbst wenn alle deutschen Unternehmen nachhaltig wirtschaften, ist das nur ein Tropfen auf den heißen Stein, solange andere Industrienationen und Schwellenländer sich nicht an „Grüner Logistik" beteiligen. Einer muss den Anfang machen. Dies bedeutet für die Unternehmen einen entscheidenden Wettbewerbsvorteil für die Zukunft.

6 Zukunftsvisionen

Reibungslos ans Ziel für alle Waren dieser Welt. Vom Hersteller bis zum Empfänger ohne Umwege. Der Güterfluss beginnt bereits in der Lagerhalle. Forscher vom Fraunhofer Institut möchten weitestgehend leere Lager schaffen, die durch einen Schwarm an Fahrzeugen ersetzt werden. Manuelle Lager sollen durch Maschinen ersetzt werden, um Fehler zu vermeiden und somit unnötige Gütertransporte zu verhindern. Die Fahrzeuge sollen untereinander selbst kommunizieren und Informationen über Positionen austauschen. Die Fahrzeuge organisieren sich selbst untereinander. Alle Aufträge befinden sich in einem Pool, die durch Gebote der einzelnen Fahrzeuge abgegeben werden. Die Auftragserteilung erhält das Fahrzeug, welches am nächsten dran ist oder den vollsten Akku hat. Menschen dienen in diesen Lagern lediglich noch der Überwachung. Container sollen in der Zukunft auch selbst untereinander kommunizieren. Für den Prototyp eines Containers wurde bereits ein Modul entwickelt. Lange Wartezeiten, falsche Zielbestimmungen und Leerfahrten sollen mit Hilfe dieses Moduls vermieden werden. Der Container erkennt die Funketiketten am Karton. Somit weiß der Container was sich in ihm befindet, ob die Beladung sinnvoll ist und sorgt dafür dass Produkte ohne Beschädigung ans Ziel kommen. Der Container der Zukunft soll sich seinen Weg durch die Welt selbst organisieren. Hierzu bestellt er sich den Platz auf dem nächsten Schiff oder dem passenden Zug ohne den Eingriff von Menschen.

Eine weitere Vision des Fraunhofer Instituts ist dass sich Handelsunternehmen in Zukunft ein gemeinsames Warenlager teilen und deren Logistik zusammen durchführen, um halbleere Transporte zu vermeiden und Transportwege optimal zu nutzen. Dies erfordert aber ein Umdenken aller Handelsunternehmen. Selbst organisierende Fahrzeuge und Container können erst dann richtig fließen, wenn sich alle Handelsketten für alle Transporte zusammenschließen.[110]

Ein weiterer Ausblick ist ein Artikel aus der Wirtschaftswoche mit dem Titel „Klimakiller a. D". Hier geht es darum, dass CO^2 als neues Erdöl gehandelt wird. Früher noch als Klimakiller

---

[110] Vgl. Sommer A., WDR Fernsehen, Reibungslos ans Ziel – eine Zukunftsvision,
http://www.wdr.de/tv/quarks/sendungsbeitraege/2012/0327/006_logistik.jsp?startMedium=578295&startPicture
=/bilder/mediendb/quarks/Bilder/2012/0327/120327_zukunft.jpg&dslSrc=rtmp://gffstream.fcod.llnwd.net/a792/
e2/mediendb/quarks/video/2012/0327/120327_f6_zukunft_web-
m.mp4&overlayPic=/tv/quarks/codebase/img/overlay_video.png&offset=0&red=fsstd-
tv%2Fquarks&base=/tv/quarks/codebase/video/&isdnSrc=rtmp://gffstream.fcod.llnwd.net/a792/e2/mediendb/qu
arks/video/2012/0327/120327_f6_zukunft_web-s.mp4&vtCaptionsURL=&vtCaptionsWidth=400, 27.03.2012

bezeichnet, möchte man CO_2 heute als Rohstoff nutzen. Neue Technologien machen es möglich, dass aus dem gefürchteten Gas ein unerschöpflicher Rohstoff wird, aus dem man Alltagsprodukte (Folien, Tupperdosen, Zement, Kunstdünger, Aspirin…) herstellen kann. Durch mehrstufige Verfahren mit Wasserstoff soll CO_2 bald auch zu Sprit verarbeitet werden. Seit 2010 hat es sich die Bundesregierung zur Aufgabe gemacht, eine CO_2-Wirtschaft aufzubauen. Hierzu investierte die Bundesregierung bereits 100 Millionen Euro in das Recyceln von CO_2 und die Herstellung entsprechender Technologien.[111]

---

[111] Vgl. Wirtschaftswoche Nr 21, Klimakiller a.D.., 21.05.2012, S.62

Literaturverzeichnis

Bretzke W.-R/Barkawi K. (2010): Nachhaltige Logistik – Antworten auf eine globale Herausforderung, Berlin-Heidelberg

DB Schenker, 2012, http://www.dbschenker.com/site/logistics/dbschenker/com/de/ueberdbschenker/kompetenzpor tfolio/ impuls/gruenelogistik.html (abgerufen 05.04.2012)

Deutsche Post AG (2010): Delivering Tomorrow - Zukunftstrend Nachhaltige Logistik, Bonn

Die Bundesregierung: Magazin für Verbraucher, Sonderausgabe Nachhaltigkeit, 08.2010 (abgerufen 20.03.2012)

EUtech-Energie & Management, 2010, http://www.eutech-energie.de/typo/klima/carbon-footprint.html (abgerufen 01.04.2012)

Ferger F. (2009): Nachhaltigkeit in Lieferketten – Eine ökonomische Analyse, Norderstedt

Hartwig B. (2010): Der Co^2-Fußabdruck als Indikator für ein nachhaltiges Logistikmanagement, Norderstedt

Lexikon der Nachhaltigkeit, 23.02.2012, http://www.nachhaltigkeit.info/artikel/definitionen_1382.htm (abgerufen 22.03.2012)

Lexikon der Nachhaltigkeit, 23.08.2011, www.nachhaltigkeit.info/artikel/brundtland_report_563.htm?sid=e0140fdef2edc68bfa8d02a7 ee65598e (abgerufen 22.03.2012)

Logistikbranche, „o. J.", Straßengüterverkehr, http://www.logistikbranche.net/verkehrstraeger/strassengueterverkehr.html (abgerufen 03.04.2012)

Logistikbranche, „o. J.", Binnenschifffahrt, http://www.logistikbranche.net/verkehrstraeger/binnenschifffahrt.html (abgerufen 03.04.2012)

Logistikbranche, „o. J.", Seeschifffahrt, http://www.logistikbranche.net/verkehrstraeger/seeschifffahrt.html (abgerufen 04.04.2012)

Logistik Heute, (12/2011): Grüne Logistik für schwarze Zahlen, Druck vom Verbraucher, in,: Den grünen Fußabdruck im Fokus, Heft 12, 33. Jg., Sp. 15-16

Logistik Heute, (12/2011): Grüne Logistik für schwarze Zahlen, in,: Den grünen Fußabdruck im Fokus, Heft 12, 33. Jg., Sp. 39-41

McLean M./Klose A. (2009): Das Container-Prinzip: Wie eine Box unser Denken verändert, Hamburg

OECD - Umweltausblick bis 2030, Wichtigste Politikoptionen, 2008 (abgerufen 20.03.2012)

Pfriem R. (2011): Eine neue Theorie der Unternehmung für eine neue Gesellschaft, Marburg

TIS: Transport-Informations-Service,1999-2012, http://www.tis-gdv.de/tis/tagungen/workshop/cs/zachcial/zachcial.htm#1 (abgerufen 04.04.2012)

TIS: Transport-Informations-Service, 1985, http://www.tis-gdv.de/tis/containe/kontrolle2/1gsv0006.pdf (abgerufen 04.04.2012)

Transportberater für den Schienengüterverkehr, „o. J.", http://www.transportberater.portal-c.info/ausblicke.html (abgerufen 08.04.2012)

Wirtschaftswoche Nr. 23, (04.06.2012): Die Gut-Geschäftler, Unbeliebte Umweltrüpel, in: Technik & Wissen, Heft 23, Sp. 49-51

Anhang

Unternehmensbefragung zum Stand der Grünen Logistik in der deutschen Speditions- und Logistikbranche

Sehr geehrte Damen und Herren,

der vorliegende Fragebogen ist in drei Teile gegliedert. Bitte beantworten Sie die Fragen aus der Sicht Ihres Unternehmens bzw. Ihrer Niederlassung.

• Im **ersten Teil** des Fragebogens werden **Fragen zur Struktur des Unternehmens** gestellt.
• Im **zweiten Teil** geht es um Ihr **Verständnis der Grünen Logistik** und die damit zusammenhängenden **Anforderungen**.
• Der **dritte Teil** befasst sich mit **Umweltmanagementsystemen**.

1. Allgemeines

1.1 Bitte geben Sie die Rechtsform Ihres Unternehmens an.
O Einzelfirma
O GmbH
O GbR
O GmbH & Co. KG
O KG
O AG
O OHG
O _____

1.2 Über wie viele Niederlassungen verfügt Ihr Unternehmen in Deutschland?

Anzahl Niederlassungen _____

1.3 Wie viele Mitarbeiter sind in Ihrer Niederlassung und in Ihrem Unternehmen insgesamt beschäftigt?

Anzahl Mitarbeiter _____

1.4 Welche Verkehrsträger setzen Sie regelmäßig ein? (Mehrfachnennungen möglich)

O Straßengüterverkehr (Nahbereich)
O Straßengüterverkehr (Fernbereich)
O Bahnverkehr
O Binnenschifffahrt
   O Luftfracht
   O Seeschifffahrt

1.5 Für welche Verladerbranchen sind Sie hauptsächlich tätig? (Mehrfachnennungen möglich)

O Automotive-Industrie
O Chemische Industrie
O Lebensmittelindustrie
O Maschinenbau
O Elektronik/High-Tech
O Groß-/Außenhandel
O Einzelhandel
   O sontige _____

1.6 In welchen Leistungsbereichen /-schwerpunkten ist Ihr Unternehmen tätig? (Mehrfachnennungen möglich)

O Sammelgutverkehre
O Paket- und Expressdienste
O Teil- und Komplettpartien

O Bulkladungen
O Lagerhaltung
O Umschlag
O Zollabwicklung

O Sonstiges _____

1.7 Kombinierter Verkehr:

a.) Nutzen Sie den Kombinierten Verkehr „Straße/ Schiene"?

O JA
O NEIN

b.) Nutzen Sie andere Formen des Kombinierten Verkehrs?

O JA, und zwar _____
O NEIN

1.8 Fahrzeugeinsatz:

a.) Wie viel eigene Fahrzeuge (> 3,5 t) setzen Sie in Ihrer Niederlassung ein? Geben Sie bitte, wenn möglich, auch die EURO-Klassen an.

Ca. _____Fahrzeuge

EURO-Klassen_____

b.) Mit wie vielen Transportunternehmen arbeiten Sie regelmäßig in Ihrer Niederlassung zusammen?

Ca. _____Transportunternehmen

1.9 Welche Relationen bedienen Sie hauptsächlich? (Mehrfachnennungen möglich)

O Deutschland
O Westeuropa
O Osteuropa
O Südeuropa
O Nordeuropa
O Nordamerika
O Südamerika
O Afrika
O Asien und Ozeanien

O Relationen von besonderer Bedeutung:_____

2. Grüne Logistik – Begriffsverständnis und Anforderungen

2.1 Begriffsverständnis Grüne Logistik

Im Folgenden schlagen wir Ihnen zwei Begriffsverständnisse von Grüner Logistik vor. Bitte geben Sie an, ob diese Definitionen Ihrem Begriffsverständnis von Grüner Logistik entsprechen.

a.) Grüne Logistik umfasst alle Maßnahmen zur Auslastungsoptimierung, Bündelung und Tourenoptimierung, um so Verkehr und verkehrsbedingte Emissionen zu reduzieren.

O stimme voll zu
O stimme eher zu
O stimme eher nicht zu
O lehne ab

b.) Grüne Logistik bezeichnet die bewusste Gestaltung umweltfreundlicher Logistikprodukte, die für die Kunden im Vergleich zu klassischen Logistikprodukten einen umweltrelevanten Mehrwert bieten.

O stimme voll zu
O stimme eher zu
O stimme eher nicht zu
O lehne ab

2.2 Wird Grüne Logistik in der von Ihnen verstandenen Form in Ihrem Unternehmen bereits betrieben?

O JA
O NEIN

Wenn „JA", was waren die wesentlichen Gründe für diese Entscheidung? (Mehrfachnennungen möglich)

O eigene Verantwortung zur Schonung der natürlichen Umwelt
O Kundenanforderungen
O gesetzliche Auflagen
O Verbesserung des Unternehmensimage
O Reduzierung von Kosten
O Aufbau einer günstigen Wettbewerbsposition für zukünftige Entwicklungen

O Sonstige: _____

Wenn „NEIN", worin liegen die Gründe dafür, dass hier noch keine Aktivitäten erfolgt sind? (Mehrfachnennungen möglich)

O Wir wissen nicht, wo wir ansetzen können
O Bisher bestanden keine Anforderungen
O Fehlendes Personal
O Zu hohe Kosten
O Andere Themen gehen vor
O Thema betrifft uns nicht

O Sonstiges: _____

2.3 Anforderungen an Grüne Logistik

a.) Sind bereits konkrete Informationsanforderungen im Bereich Grüne Logistik durch die Verlader an Ihr Unternehmen gestellt worden?

O JA
O NEIN

Wenn „JA", was waren die Anforderungen? (Mehrfachnennungen möglich)

O Vorhandensein eines zertifizierten Umweltmanagementsystems (z.B. nach ISO 14001)
O Vorlage Umweltpolitik
O Vorlage Umweltbericht
O Vorlage Umweltziele

O Konkrete umweltbezogene Kennzahlen: _____

c.) Wie groß schätzen Sie den Druck ein, der **zukünftig** von den verschiedenen Gruppen in Richtung Grüne Logistik ausgehen wird?
(Bewertung: 1 = sehr gering, 2 = gering, 3 = unentschieden, 4 = groß, 5 = sehr groß)

Verlader: _____

Politik: _____

Gesellschaft: _____

2.4 Welche Maßnahmen führen Sie im Bereich der Grünen Logistik durch?

Maßnahmen	machen wir	in Vorbereitung	nicht geplant
Bündelung von Verkehren			
IT-basierte Tourenplanung			
Modernisierung Fuhrpark			
Modernisierung Gebäude			

Verkehrsträgerwechsel				
Nutzung des kombinierten Verkehrs				
Fahrpersonalschulungen				
Dezentralisierung von Logistikstrukturen				

2.5 Wie würden Sie den Entwicklungsstand Ihres Unternehmens bezüglich der Grünen Logistik einordnen?

O Wir sind weiter als der Branchendurchschnitt
O Wir sind so weit wie der Branchendurchschnitt
O Wir sind nicht so weit wie der Branchendurchschnitt

2.6 Stimmen Sie der folgenden Aussage zu? Spedition/Logistik und ökologisches Handeln sind grundsätzlich Gegensätze!

O stimme zu
O stimme nicht zu

3. Grüne Logistik und Umweltmanagement (-systeme)

Normen	bekannt	unbekannt
ISO 14001		
ISO 14031		
ISO 14040		
ISO 14064		
EMAS		
Sonstige:		

(Mehrfachnennungen möglich)

3.1 Welche umweltbezogenen Normen sind Ihnen bekannt?

3.2 Setzen Sie Instrumente zur Ermittlung der Ergebnisse des Umweltmanagements ein?

O JA, und zwar   **O NEIN**

O Kennzahlen
O Statistiken
O Ökobilanz
O Stoffflussanalysen
O ökologische Buchhaltung

O Sonstige: _____

Vielen herzlichen Dank für die Zeit, welche Sie sich zur Beantwortung des Fragebogens genommen haben.

Unternehmensbefragung zum Stand der Grünen Logistik in der deutschen Speditions- und Logistikbranche

Sehr geehrte Damen und Herren,

der vorliegende Fragebogen ist in drei Teile gegliedert. Bitte beantworten Sie die Fragen aus der Sicht Ihres Unternehmens bzw. Ihrer Niederlassung.

- Im **ersten Teil** des Fragebogens werden **Fragen zur Struktur des Unternehmens** gestellt.
- Im **zweiten Teil** geht es um Ihr **Verständnis der Grünen Logistik** und die damit zusammenhängenden **Anforderungen**.
- Der **dritte Teil** befasst sich mit **Umweltmanagementsystemen.**

1. Allgemeines

1.1 Bitte geben Sie die Rechtsform Ihres Unternehmens an.
- O Einzelfirma
- O GmbH
- O GbR
- O GmbH & Co. KG
- O KG
- O AG
- O OHG
- O _____

1.2 Über wie viele Niederlassungen verfügt Ihr Unternehmen in Deutschland?

Anzahl Niederlassungen _____

1.3 Wie viele Mitarbeiter sind in Ihrer Niederlassung und in Ihrem Unternehmen insgesamt beschäftigt?

Anzahl Mitarbeiter _____

1.4 Welche Verkehrsträger setzen Sie regelmäßig ein? (Mehrfachnennungen möglich)

- O Straßengüterverkehr (Nahbereich)
- O Straßengüterverkehr (Fernbereich)
- O Bahnverkehr
- O Binnenschifffahrt
- O Luftfracht
- O Seeschifffahrt

1.5 Für welche Verladerbranchen sind Sie hauptsächlich tätig? (Mehrfachnennungen möglich)

- O Automotive-Industrie
- O Chemische Industrie
- O Lebensmittelindustrie
- O Maschinenbau
- O Elektronik/High-Tech
- O Groß-/Außenhandel
- O Einzelhandel
- O sontige _____

1.6 In welchen Leistungsbereichen /-schwerpunkten ist Ihr Unternehmen tätig? (Mehrfachnennungen möglich)

- O Sammelgutverkehre
- O Paket- und Expressdienste
- O Teil- und Komplettpartien
- O Bulkladungen
- O Lagerhaltung
- O Umschlag
- O Zollabwicklung

- O Sonstiges _____

1.7 Kombinierter Verkehr:

a.) Nutzen Sie den Kombinierten Verkehr „Straße/ Schiene"?

O JA
O NEIN

b.) Nutzen Sie andere Formen des Kombinierten Verkehrs?

O JA, und zwar _____
O NEIN

1.8 Fahrzeugeinsatz:

a.) Wie viel eigene Fahrzeuge (> 3,5 t) setzen Sie in Ihrer Niederlassung ein? Geben Sie bitte, wenn möglich, auch die EURO-Klassen an.

Ca. _____Fahrzeuge

EURO-Klassen_____

b.) Mit wie vielen Transportunternehmen arbeiten Sie regelmäßig in Ihrer Niederlassung zusammen?

Ca. _____Transportunternehmen

1.9 Welche Relationen bedienen Sie hauptsächlich? (Mehrfachnennungen möglich)

O Deutschland
O Westeuropa
O Osteuropa
O Südeuropa
O Nordeuropa
O Nordamerika
O Südamerika
O Afrika
O Asien und Ozeanien

O Relationen von besonderer Bedeutung:_____

2. Grüne Logistik – Begriffsverständnis und Anforderungen

2.1 Begriffsverständnis Grüne Logistik

Im Folgenden schlagen wir Ihnen zwei Begriffsverständnisse von Grüner Logistik vor. Bitte geben Sie an, ob diese Definitionen Ihrem Begriffsverständnis von Grüner Logistik entsprechen.

a.) Grüne Logistik umfasst alle Maßnahmen zur Auslastungsoptimierung, Bündelung und Tourenoptimierung, um so Verkehr und verkehrsbedingte Emissionen zu reduzieren.

O stimme voll zu
O stimme eher zu
O stimme eher nicht zu
O lehne ab

b.) Grüne Logistik bezeichnet die bewusste Gestaltung umweltfreundlicher Logistikprodukte, die für die Kunden im Vergleich zu klassischen Logistikprodukten einen umweltrelevanten Mehrwert bieten.

O stimme voll zu
O stimme eher zu
O stimme eher nicht zu
O lehne ab

2.2 Wird Grüne Logistik in der von Ihnen verstandenen Form in Ihrem Unternehmen bereits betrieben?

O JA
O NEIN

Wenn „JA", was waren die wesentlichen Gründe für diese Entscheidung? (Mehrfachnennungen möglich)

O eigene Verantwortung zur Schonung der natürlichen Umwelt
O Kundenanforderungen
O gesetzliche Auflagen
O Verbesserung des Unternehmensimage
O Reduzierung von Kosten
O Aufbau einer günstigen Wettbewerbsposition für zukünftige Entwicklungen

O Sonstige: _____

Wenn „NEIN", worin liegen die Gründe dafür, dass hier noch keine Aktivitäten erfolgt sind? (Mehrfachnennungen möglich)

O Wir wissen nicht, wo wir ansetzen können
O Bisher bestanden keine Anforderungen
O Fehlendes Personal
O Zu hohe Kosten
O Andere Themen gehen vor
O Thema betrifft uns nicht

O Sonstiges: _____

2.3 Anforderungen an Grüne Logistik

a.) Sind bereits konkrete Informationsanforderungen im Bereich Grüne Logistik durch die Verlader an Ihr Unternehmen gestellt worden?

O JA
O NEIN

Wenn „JA", was waren die Anforderungen? (Mehrfachnennungen möglich)

O Vorhandensein eines zertifizierten Umweltmanagementsystems (z.B. nach ISO 14001)
O Vorlage Umweltpolitik
O Vorlage Umweltbericht
O Vorlage Umweltziele

O Konkrete umweltbezogene Kennzahlen: _____

c.) Wie groß schätzen Sie den Druck ein, der zukünftig von den verschiedenen Gruppen in Richtung Grüne Logistik ausgehen wird?
(Bewertung: 1 = sehr gering, 2 = gering, 3 = unentschieden,4 = groß, 5 = sehr groß)

Verlader: ____

Politik: ____

Gesellschaft: ____

2.4 Welche Maßnahmen führen Sie im Bereich der Grünen Logistik durch?

Maßnahmen	machen wir	in Vorbereitung	nicht geplant
Bündelung von Verkehren			
IT-basierte Tourenplanung			
Modernisierung Fuhrpark			
Modernisierung Gebäude			
Verkehrsträgerwechsel			
Nutzung des kombinierten Verkehrs			
Fahrpersonalschulungen			
Dezentralisierung von Logistikstrukturen			

2.5 Wie würden Sie den Entwicklungsstand Ihres Unternehmens bezüglich der Grünen Logistik einordnen?

O Wir sind weiter als der Branchendurchschnitt
O Wir sind so weit wie der Branchendurchschnitt
O Wir sind nicht so weit wie der Branchendurchschnitt

2.6 Stimmen Sie der folgenden Aussage zu? Spedition/Logistik und ökologisches Handeln sind grundsätzlich Gegensätze!

O stimme zu
O stimme nicht zu

3. Grüne Logistik und Umweltmanagement (-systeme)

3.1 Welche umweltbezogenen Normen sind Ihnen bekannt?

Normen	bekannt	unbekannt
ISO 14001		
ISO 14031		
ISO 14040		
ISO 14064		
EMAS		
Sonstige:		

3.2 Setzen Sie Instrumente zur Ermittlung der Ergebnisse des Umweltmanagements ein?
(Mehrfachnennungen möglich)

O JA, und zwar   O NEIN

O Kennzahlen
O Statistiken
O Ökobilanz
O Stoffflussanalysen
O ökologische Buchhaltung

O Sonstige: _____

Vielen herzlichen Dank für die Zeit, welche Sie sich zur Beantwortung des Fragebogens genommen haben.

Unternehmensbefragung zum Stand der Grünen Logistik in der deutschen Speditions- und Logistikbranche

Sehr geehrte Damen und Herren,

der vorliegende Fragebogen ist in drei Teile gegliedert. Bitte beantworten Sie die Fragen aus der Sicht Ihres Unternehmens bzw. Ihrer Niederlassung.

- Im **ersten Teil** des Fragebogens werden Fragen zur **Struktur des Unternehmens** gestellt.
- Im **zweiten Teil** geht es um Ihr **Verständnis der Grünen Logistik** und die damit zusammenhängenden **Anforderungen**.
- Der **dritte Teil** befasst sich mit **Umweltmanagementsystemen**.

1. Allgemeines

1.1 Bitte geben Sie die Rechtsform Ihres Unternehmens an.
O Einzelfirma
O GmbH
O GbR
O GmbH & Co. KG
Ⓧ KG
O AG
O OHG
O _____

1.2 Über wie viele Niederlassungen verfügt Ihr Unternehmen in Deutschland?

Anzahl Niederlassungen ____2____

1.3 Wie viele Mitarbeiter sind in Ihrer Niederlassung und in Ihrem Unternehmen insgesamt beschäftigt?

Anzahl Mitarbeiter ____500____

1.4 Welche Verkehrsträger setzen Sie regelmäßig ein? (Mehrfachnennungen möglich)

Ⓧ Straßengüterverkehr (Nahbereich)
Ⓧ Straßengüterverkehr (Fernbereich)
Ⓧ Bahnverkehr
O Binnenschifffahrt
O Luftfracht
Ⓧ Seeschifffahrt

1.5 Für welche Verladerbranchen sind Sie hauptsächlich tätig? (Mehrfachnennungen möglich)

Ⓧ Automotive-Industrie
Ⓧ Chemische Industrie
O Lebensmittelindustrie
Ⓧ Maschinenbau
Ⓧ Elektronik/High-Tech
Ⓧ Groß-/Außenhandel
Ⓧ Einzelhandel
O sontige _____

1.6 In welchen Leistungsbereichen /-schwerpunkten ist Ihr Unternehmen tätig? (Mehrfachnennungen möglich)

Ⓧ Sammelgutverkehre
O Paket- und Expressdienste
O Teil- und Komplettpartien
O Bulkladungen
O Lagerhaltung
O Umschlag
O Zollabwicklung

O Sonstiges _____

O NEIN

Wenn „JA", was waren die wesentlichen Gründe für diese Entscheidung? (Mehrfachnennungen möglich)

☒ eigene Verantwortung zur Schonung der natürlichen Umwelt
O Kundenanforderungen
O gesetzliche Auflagen
O Verbesserung des Unternehmensimage
☒ Reduzierung von Kosten
O Aufbau einer günstigen Wettbewerbsposition für zukünftige Entwicklungen

O Sonstige: _____

Wenn „NEIN", worin liegen die Gründe dafür, dass hier noch keine Aktivitäten erfolgt sind? (Mehrfachnennungen möglich)

O Wir wissen nicht, wo wir ansetzen können
O Bisher bestanden keine Anforderungen
O Fehlendes Personal
O Zu hohe Kosten
O Andere Themen gehen vor
O Thema betrifft uns nicht

O Sonstiges: _____

2.3 Anforderungen an Grüne Logistik

a.) Sind bereits konkrete Informationsanforderungen im Bereich Grüne Logistik durch die Verlader an Ihr Unternehmen gestellt worden?

O JA
☒ NEIN

Wenn „JA", was waren die Anforderungen? (Mehrfachnennungen möglich)

O Vorhandensein eines zertifizierten Umweltmanagementsystems (z.B. nach ISO 14001)
O Vorlage Umweltpolitik
O Vorlage Umweltbericht
O Vorlage Umweltziele

O Konkrete umweltbezogene Kennzahlen: _____

c.) Wie groß schätzen Sie den Druck ein, der zukünftig von den verschiedenen Gruppen in Richtung Grüne Logistik ausgehen wird?
(Bewertung: 1 = sehr gering, 2 = gering, 3 = unentschieden, 4 = groß, 5 = sehr groß)

Verlader: 2

Politik: 1

Gesellschaft: 4

2.4 Welche Maßnahmen führen Sie im Bereich der Grünen Logistik durch?

Maßnahmen	machen wir	in Vorbereitung	nicht geplant
Bündelung von Verkehren	X		
IT-basierte Tourenplanung	X		
Modernisierung Fuhrpark	X		
Modernisierung Gebäude			X
Verkehrsträgerwechsel	X		
Nutzung des kombinierten Verkehrs	X		
Fahrpersonalschulungen			X

Dezentralisierung von Logistikstrukturen			✗

2.5 Wie würden Sie den Entwicklungsstand Ihres Unternehmens bezüglich der Grünen Logistik einordnen?

O Wir sind weiter als der Branchendurchschnitt
☒ Wir sind so weit wie der Branchendurchschnitt
O Wir sind nicht so weit wie der Branchendurchschnitt

2.6 Stimmen Sie der folgenden Aussage zu? Spedition/Logistik und ökologisches Handeln sind grundsätzlich Gegensätze!

O stimme zu
☒ stimme nicht zu

Normen	bekannt	unbekannt
ISO 14001	✗	
ISO 14031		✗
ISO 14040		✗
ISO 14064		✗
EMAS		✗
Sonstige:		

3. Grüne Logistik und Umweltmanagement (-systeme)

3.1 Welche umweltbezogenen Normen sind Ihnen bekannt?

3.2 Setzen Sie Instrumente zur Ermittlung der Ergebnisse des Umweltmanagements ein?
(Mehrfachnennungen möglich)

☒ JA, und zwar   O NEIN

☒ Kennzahlen
☒ Statistiken
O Ökobilanz
O Stoffflussanalysen
O ökologische Buchhaltung

O Sonstige: _____

1.7 Kombinierter Verkehr:

a.) Nutzen Sie den Kombinierten Verkehr „Straße/ Schiene"?

   ☒ JA
   O NEIN

b.) Nutzen Sie andere Formen des Kombinierten Verkehrs?

   ☒ JA, und zwar _Containertransporte_
   O NEIN

1.8 Fahrzeugeinsatz:

a.) Wie viel eigene Fahrzeuge (> 3,5 t) setzen Sie in Ihrer Niederlassung ein? Geben Sie bitte, wenn möglich, auch die EURO-Klassen an.

   Ca. _0_ Fahrzeuge

   EURO-Klassen_____

b.) Mit wie vielen Transportunternehmen arbeiten Sie regelmäßig in Ihrer Niederlassung zusammen?

   Ca. _____Transportunternehmen

1.9 Welche Relationen bedienen Sie hauptsächlich? (Mehrfachnennungen möglich)

   ☒ Deutschland
   ☒ Westeuropa
   ☒ Osteuropa
   ☒ Südeuropa
   ☒ Nordeuropa
   O Nordamerika
   O Südamerika
   O Afrika
   O Asien und Ozeanien
   ☒ Relationen von besonderer Bedeutung: _Deutschland_

2. Grüne Logistik – Begriffsverständnis und Anforderungen

2.1 Begriffsverständnis Grüne Logistik

Im Folgenden schlagen wir Ihnen zwei Begriffsverständnisse von Grüner Logistik vor. Bitte geben Sie an, ob diese Definitionen Ihrem Begriffsverständnis von Grüner Logistik entsprechen.

a.) Grüne Logistik umfasst alle Maßnahmen zur Auslastungsoptimierung, Bündelung und Tourenoptimierung, um so Verkehr und verkehrsbedingte Emissionen zu reduzieren.

   ☒ stimme voll zu
   O stimme eher zu
   O stimme eher nicht zu
   O lehne ab

b.) Grüne Logistik bezeichnet die bewusste Gestaltung umweltfreundlicher Logistikprodukte, die für die Kunden im Vergleich zu klassischen Logistikprodukten einen umweltrelevanten Mehrwert bieten.

   O stimme voll zu
   O stimme eher zu
   ☒ stimme eher nicht zu
   O lehne ab

2.2 Wird Grüne Logistik in der von Ihnen verstandenen Form in Ihrem Unternehmen bereits betrieben?

   ☒ JA

H H - Süd

Unternehmensbefragung zum Stand der Grünen Logistik in der deutschen Speditions- und Logistikbranche

Sehr geehrte Damen und Herren,

der vorliegende Fragebogen ist in drei Teile gegliedert. Bitte beantworten Sie die Fragen aus der Sicht Ihres Unternehmens bzw. Ihrer Niederlassung.

- Im ersten Teil des Fragebogens werden **Fragen zur Struktur des Unternehmens** gestellt.
- Im zweiten Teil geht es um Ihr **Verständnis der Grünen Logistik** und die damit zusammenhängenden **Anforderungen**.
- Der dritte Teil befasst sich mit **Umweltmanagementsystemen**.

1. Allgemeines

1.1 Bitte geben Sie die Rechtsform Ihres Unternehmens an.
   O Finzelfirma
   O GmbH
   O GbR
   O GmbH & Co. KG
   Ø KG
   O AG
   O OHG
   O _____

1.2 Über wie viele Niederlassungen verfügt Ihr Unternehmen in Deutschland?

   Anzahl Niederlassungen _____1_____

1.3 Wie viele Mitarbeiter sind in Ihrer Niederlassung und in Ihrem Unternehmen insgesamt beschäftigt?

   Anzahl Mitarbeiter _____4099_____

1.4 Welche Verkehrsträger setzen Sie regelmäßig ein? (Mehrfachnennungen möglich)

   O Straßengüterverkehr (Nahbereich)
   O Straßengüterverkehr (Fernbereich)
   O Bahnverkehr
   Ø Binnenschifffahrt
   O Luftfracht
   Ø Seeschifffahrt

1.5 Für welche Verladerbranchen sind Sie hauptsächlich tätig? (Mehrfachnennungen möglich)

   Ø Automotive-Industrie
   Ø Chemische Industrie
   Ø Lebensmittelindustrie
   O Maschinenbau
   Ø Elektronik/High-Tech
   Ø Groß-/Außenhandel
   Ø Einzelhandel
   Ø sonstige _____

1.6 In welchen Leistungsbereichen /-schwerpunkten ist Ihr Unternehmen tätig? (Mehrfachnennungen möglich)

   Ø Sammelgutverkehre
   O Paket- und Expressdienste
   Ø Teil- und Komplettpartien
   Ø Bulkladungen
   O Lagerhaltung
   Ø Umschlag
   O Zollabwicklung

   O Sonstiges _____

1.7 Kombinierter Verkehr:

a.) Nutzen Sie den Kombinierten Verkehr „Straße/ Schiene"?

Ⓧ JA
O NEIN

b.) Nutzen Sie andere Formen des Kombinierten Verkehrs?

Ⓧ JA, und zwar _See - u. Luftfracht / See -u. Schienenverkehr_
O NEIN

1.8 Fahrzeugeinsatz:

a.) Wie viel eigene Fahrzeuge (> 3,5 t) setzen Sie in Ihrer Niederlassung ein? Geben Sie bitte, wenn möglich,
auch die EURO-Klassen an.

Ca. _1113_ Fahrzeuge _Schiffe_

EURO-Klassen_____

b.) Mit wie vielen Transportunternehmen arbeiten Sie regelmäßig in Ihrer Niederlassung zusammen?

Ca. _100_ Transportunternehmen

1.9 Welche Relationen bedienen Sie hauptsächlich? (Mehrfachnennungen möglich)

Ⓧ Deutschland
Ⓧ Westeuropa
Ⓧ Osteuropa
Ⓧ Südeuropa
Ⓧ Nordeuropa
Ⓧ Nordamerika
Ⓧ Südamerika
Ⓧ Afrika
Ⓧ Asien und Ozeanien

O Relationen von besonderer Bedeutung:_____

2. Grüne Logistik – Begriffsverständnis und Anforderungen

2.1 Begriffsverständnis Grüne Logistik

Im Folgenden schlagen wir Ihnen zwei Begriffsverständnisse von Grüner Logistik vor. Bitte geben
Sie an, ob diese Definitionen Ihrem Begriffsverständnis von Grüner Logistik entsprechen.

a.) Grüne Logistik umfasst alle Maßnahmen zur Auslastungsoptimierung, Bündelung und Tourenoptimierung, um so
Verkehr und verkehrsbedingte Emissionen zu reduzieren.

Ⓧ stimme voll zu
O stimme eher zu
O stimme eher nicht zu
O lehne ab

b.) Grüne Logistik bezeichnet die bewusste Gestaltung umweltfreundlicher Logistikprodukte, die für die Kunden im
Vergleich zu klassischen Logistikprodukten einen umweltrelevanten Mehrwert bieten.

O stimme voll zu
Ⓧ stimme eher zu
O stimme eher nicht zu
O lehne ab

2.2 Wird Grüne Logistik in der von Ihnen verstandenen Form in Ihrem Unternehmen bereits
betrieben?

Ⓧ JA
O NEIN

Wenn „JA", was waren die wesentlichen Gründe für diese Entscheidung? (Mehrfachnennungen möglich)

- ☑ eigene Verantwortung zur Schonung der natürlichen Umwelt
- ☑ Kundenanforderungen
- O gesetzliche Auflagen
- O Verbesserung des Unternehmensimage
- ☑ Reduzierung von Kosten
- O Aufbau einer günstigen Wettbewerbsposition für zukünftige Entwicklungen

O Sonstige: _____

Wenn „NEIN", worin liegen die Gründe dafür, dass hier noch keine Aktivitäten erfolgt sind? (Mehrfachnennungen möglich)

- O Wir wissen nicht, wo wir ansetzen können
- O Bisher bestanden keine Anforderungen
- O Fehlendes Personal
- O Zu hohe Kosten
- O Andere Themen gehen vor
- O Thema betrifft uns nicht

O Sonstiges: _____

2.3 Anforderungen an Grüne Logistik

a.) Sind bereits konkrete Informationsanforderungen im Bereich Grüne Logistik durch die Verlader an Ihr Unternehmen gestellt worden?

☑ JA
O NEIN

Wenn „JA", was waren die Anforderungen? (Mehrfachnennungen möglich)

- ☑ Vorhandensein eines zertifizierten Umweltmanagementsystems (z.B. nach ISO 14001)
- O Vorlage Umweltpolitik
- O Vorlage Umweltbericht
- O Vorlage Umweltziele

O Konkrete umweltbezogene Kennzahlen: _____

c.) Wie groß schätzen Sie den Druck ein, der zukünftig von den verschiedenen Gruppen in Richtung Grüne Logistik ausgehen wird?
(Bewertung: 1 = sehr gering, 2 = gering, 3 = unentschieden, 4 = groß, 5 = sehr groß)

Verlader: _3_

Politik: _5_

Gesellschaft: _4_

2.4 Welche Maßnahmen führen Sie im Bereich der Grünen Logistik durch?

Maßnahmen	machen wir	in Vorbereitung	nicht geplant
Bündelung von Verkehren	✗		
IT-basierte Tourenplanung	✗		
Modernisierung Fuhrpark		✗	
Modernisierung Gebäude			✗
Verkehrsträgerwechsel	✗		
Nutzung des kombinierten Verkehrs	✗		
Fahrpersonalschulungen			✗
Dezentralisierung von Logistikstrukturen		✗	

2.5 Wie würden Sie den Entwicklungsstand Ihres Unternehmens bezüglich der Grünen Logistik einordnen?

☒ Wir sind weiter als der Branchendurchschnitt
O Wir sind so weit wie der Branchendurchschnitt
O Wir sind nicht so weit wie der Branchendurchschnitt

2.6 Stimmen Sie der folgenden Aussage zu? Spedition/Logistik und ökologisches Handeln sind grundsätzlich Gegensätze!

O stimme zu
O stimme nicht zu

3. Grüne Logistik und Umweltmanagement (-systeme)

3.1 Welche umweltbezogenen Normen sind Ihnen bekannt?

Normen	bekannt	unbekannt
ISO 14001	X	
ISO 14031		
ISO 14040		
ISO 14064		
EMAS		
Sonstige:	ISO 9001 X	

3.2 Setzen Sie Instrumente zur Ermittlung der Ergebnisse des Umweltmanagements ein?
(Mehrfachnennungen möglich)

O JA, und zwar   O NEIN

☒ Kennzahlen
O Statistiken
O Ökobilanz
O Stoffflussanalysen
O ökologische Buchhaltung

O Sonstige: _____

Vielen herzlichen Dank für die Zeit, welche Sie sich zur Beantwortung des Fragebogens genommen haben.

Unternehmensbefragung zum Stand der Grünen Logistik in der deutschen Speditions- und Logistikbranche

Sehr geehrte Damen und Herren,

der vorliegende Fragebogen ist in drei Teile gegliedert. Bitte beantworten Sie die Fragen aus der Sicht Ihres Unternehmens bzw. Ihrer Niederlassung.

Im **ersten Teil** des Fragebogens werden **Fragen zur Struktur des Unternehmens** gestellt.
Im **zweiten Teil** geht es um Ihr **Verständnis der Grünen Logistik** und die damit zusammenhängenden
Anforderungen.
Der **dritte Teil** befasst sich mit **Umweltmanagementsystemen.**

1. Allgemeines

1.1 Bitte geben Sie die Rechtsform Ihres Unternehmens an.
   O Einzelfirma
   O GmbH
   O GbR
   X GmbH & Co. KG
   O KG
   O AG
   O OHG
   O _____

1.2 Über wie viele Niederlassungen verfügt Ihr Unternehmen in Deutschland?

   Anzahl Niederlassungen _1_____

1.3 Wie viele Mitarbeiter sind in Ihrer Niederlassung und in Ihrem Unternehmen insgesamt beschäftigt?

   Anzahl Mitarbeiter _ca. 500_____

1.4 Welche Verkehrsträger setzen Sie regelmäßig ein? (Mehrfachnennungen möglich)

   X Straßengüterverkehr (Nahbereich)
   X Straßengüterverkehr (Fernbereich)
   O Bahnverkehr
   O Binnenschifffahrt
   X Luftfracht
   O Seeschifffahrt

1.5 Für welche Verladerbranchen sind Sie hauptsächlich tätig? (Mehrfachnennungen möglich)

   X Automotive-Industrie
   O Chemische Industrie
   O Lebensmittelindustrie
   X Maschinenbau
   X Elektronik/High-Tech
   O Groß-/Außenhandel
   O Einzelhandel
   O sontige _____

1.6 In welchen Leistungsbereichen /-schwerpunkten ist Ihr Unternehmen tätig? (Mehrfachnennungen möglich)

   X Sammelgutverkehre
   O Paket- und Expressdienste
   X Teil- und Komplettpartien
   O Bulkladungen
   X Lagerhaltung
   X Umschlag
   X Zollabwicklung

   O Sonstiges _____

1.7 Kombinierter Verkehr:

a.) Nutzen Sie den Kombinierten Verkehr „Straße/ Schiene"?

X JA
O NEIN

b.) Nutzen Sie andere Formen des Kombinierten Verkehrs?

O JA, und zwar <u>Binnenschiff</u>_____
O NEIN

1.8 Fahrzeugeinsatz:

a.) Wie viel eigene Fahrzeuge (> 3,5 t) setzen Sie in Ihrer Niederlassung ein? Geben Sie bitte, wenn möglich, auch die EURO-Klassen an.

Ca. _100_____Fahrzeuge

EURO-Klassen <u>5</u>_____

b.) Mit wie vielen Transportunternehmen arbeiten Sie regelmäßig in Ihrer Niederlassung zusammen?

Ca. _?_____Transportunternehmen

1.9 Welche Relationen bedienen Sie hauptsächlich? (Mehrfachnennungen möglich)

X Deutschland
X Westeuropa
X Osteuropa
X Südeuropa O
X Nordeuropa
O Nordamerika
O Südamerika
O Afrika
O Asien und Ozeanien

O Relationen von besonderer Bedeutung:_____

2. Grüne Logistik – Begriffsverständnis und Anforderungen

2.1 Begriffsverständnis Grüne Logistik

Im Folgenden schlagen wir Ihnen zwei Begriffsverständnisse von Grüner Logistik vor. Bitte geben Sie an, ob diese Definitionen Ihrem Begriffsverständnis von Grüner Logistik entsprechen.

a.) Grüne Logistik umfasst alle Maßnahmen zur Auslastungsoptimierung, Bündelung und Tourenoptimierung, um so Verkehr und verkehrsbedingte Emissionen zu reduzieren.

X stimme voll zu
O stimme eher zu
O stimme eher nicht zu
O lehne ab

b.) Grüne Logistik bezeichnet die bewusste Gestaltung umweltfreundlicher Logistikprodukte, die für die Kunden im Vergleich zu klassischen Logistikprodukten einen umweltrelevanten Mehrwert bieten.

O stimme voll zu
X stimme eher zu
O stimme eher nicht zu
O lehne ab

2.2 Wird Grüne Logistik in der von Ihnen verstandenen Form in Ihrem Unternehmen bereits betrieben?

X JA

O NEIN

Wenn „JA", was waren die wesentlichen Gründe für diese Entscheidung? (Mehrfachnennungen möglich)

X eigene Verantwortung zur Schonung der natürlichen Umwelt
X Kundenanforderungen
O gesetzliche Auflagen
X Verbesserung des Unternehmensimage
O Reduzierung von Kosten
O Aufbau einer günstigen Wettbewerbsposition für zukünftige Entwicklungen

O Sonstige: _____

Wenn „NEIN", worin liegen die Gründe dafür, dass hier noch keine Aktivitäten erfolgt sind?
(Mehrfachnennungen möglich)

O Wir wissen nicht, wo wir ansetzen können
O Bisher bestanden keine Anforderungen
O Fehlendes Personal
O Zu hohe Kosten
O Andere Themen gehen vor
O Thema betrifft uns nicht

O Sonstiges: _____

2.3 Anforderungen an Grüne Logistik

a.) Sind bereits konkrete Informationsanforderungen im Bereich Grüne Logistik durch die Verlader an Ihr Unternehmen gestellt worden?

X JA
O NEIN

Wenn „JA", was waren die Anforderungen? (Mehrfachnennungen möglich)

X Vorhandensein eines zertifizierten Umweltmanagementsystems (z.B. nach ISO 14001)
O Vorlage Umweltpolitik
O Vorlage Umweltbericht
O Vorlage Umweltziele

O Konkrete umweltbezogene Kennzahlen: _____

c.) Wie groß schätzen Sie den Druck ein, der **zukünftig** von den verschiedenen Gruppen in Richtung Grüne Logistik ausgehen wird?
(Bewertung: 1 = sehr gering, 2 = gering, 3 = unentschieden, 4 = groß, 5 = sehr groß)

Verlader: _____3

Politik: _____4

Gesellschaft: _____2

2.4 Welche Maßnahmen führen Sie im Bereich der Grünen Logistik durch?

Maßnahmen	machen wir	in Vorbereitung	nicht geplant
Bündelung von Verkehren	x		
IT-basierte Tourenplanung	X		
Modernisierung Fuhrpark	x		
Modernisierung Gebäude	x		
Verkehrsträgerwechsel			
Nutzung des kombinierten Verkehrs	x		
Fahrpersonalschulungen	x		

2.5 Wie würden Sie den Entwicklungsstand Ihres Unternehmens bezüglich der Grünen Logistik einordnen?

X Wir sind weiter als der Branchendurchschnitt
O Wir sind so weit wie der Branchendurchschnitt
O Wir sind nicht so weit wie der Branchendurchschnitt

2.6 Stimmen Sie der folgenden Aussage zu? Spedition/Logistik und ökologisches Handeln sind grundsätzlich Gegensätze!

O stimme zu
X stimme nicht zu

Normen	bekannt	unbekannt
ISO 14001	X	
ISO 14031	X	
ISO 14040	X	
ISO 14064	X	
EMAS	X	
Sonstige:		

3. Grüne Logistik und Umweltmanagement (-systeme)

3.1 Welche umweltbezogenen Normen sind Ihnen bekannt?

3.2 Setzen Sie Instrumente zur Ermittlung der Ergebnisse des Umweltmanagements ein?
(Mehrfachnennungen möglich)

O JA, und zwar   O NEIN

X Kennzahlen
X Statistiken
X Ökobilanz
X Stoffflussanalysen
O ökologische Buchhaltung

O Sonstige: _____

Vielen herzlichen Dank für die Zeit, welche Sie sich zur Beantwortung des Fragebogens genommen haben.

b.) Nutzen Sie andere Formen des Kombinierten Verkehrs?

    ☒ JA, und zwar STRAßE / SCHIFFSVERKEHR
    O NEIN

1.8 Fahrzeugeinsatz:

a.) Wie viel eigene Fahrzeuge (> 3,5 t) setzen Sie in Ihrer Niederlassung ein? Geben Sie bitte, wenn möglich, auch die EURO-Klassen an.

    Ca. _____ Fahrzeuge

    EURO-Klassen_____ KEINE EIGENEN LKW

b.) Mit wie vielen Transportunternehmen arbeiten Sie regelmäßig in Ihrer Niederlassung zusammen?

    Ca. __34__ Transportunternehmen

1.9 Welche Relationen bedienen Sie hauptsächlich? (Mehrfachnennungen möglich)

O Deutschland
O Westeuropa
O Osteuropa
O Südeuropa
O Nordeuropa
☒ Nordamerika
O Südamerika
O Afrika
☒ Asien und Ozeanien

O Relationen von besonderer Bedeutung:_____

2. Grüne Logistik – Begriffsverständnis und Anforderungen

2.1 Begriffsverständnis Grüne Logistik

Im Folgenden schlagen wir Ihnen zwei Begriffsverständnisse von Grüner Logistik vor. Bitte geben Sie an, ob diese Definitionen Ihrem Begriffsverständnis von Grüner Logistik entsprechen.

a.) Grüne Logistik umfasst alle Maßnahmen zur Auslastungsoptimierung, Bündelung und Tourenoptimierung, um so Verkehr und verkehrsbedingte Emissionen zu reduzieren.

☒ stimme voll zu
O stimme eher zu
O stimme eher nicht zu
O lehne ab

b.) Grüne Logistik bezeichnet die bewusste Gestaltung umweltfreundlicher Logistikprodukte, die für die Kunden im Vergleich zu klassischen Logistikprodukten einen umweltrelevanten Mehrwert bieten.

O stimme voll zu
☒ stimme eher zu
O stimme eher nicht zu
O lehne ab

2.2 Wird Grüne Logistik in der von Ihnen verstandenen Form in Ihrem Unternehmen bereits betrieben?

    O JA
    ☒ NEIN

Wenn „JA", was waren die wesentlichen Gründe für diese Entscheidung? (Mehrfachnennungen möglich)

O eigene Verantwortung zur Schonung der natürlichen Umwelt
O Kundenanforderungen
O gesetzliche Auflagen
O Verbesserung des Unternehmensimage
O Reduzierung von Kosten

O Aufbau einer günstigen Wettbewerbsposition für zukünftige Entwicklungen

O Sonstige: _____

Wenn „NEIN", worin liegen die Gründe dafür, dass hier noch keine Aktivitäten erfolgt sind?
(Mehrfachnennungen möglich)

O Wir wissen nicht, wo wir ansetzen können
O Bisher bestanden keine Anforderungen
🗶 Fehlendes Personal
🗶 Zu hohe Kosten
O Andere Themen gehen vor
O Thema betrifft uns nicht

🗶 Sonstiges: _PRODUKT, DAS TRANSPORTIERT WIRD, LÄSST KEINE_
OPTIMIERUNG ZU

2.3 Anforderungen an Grüne Logistik

a.) Sind bereits konkrete Informationsanforderungen im Bereich Grüne Logistik durch die Verlader an Ihr Unternehmen gestellt worden?

O JA
🗶 NEIN

Wenn „JA", was waren die Anforderungen? (Mehrfachnennungen möglich)

O Vorhandensein eines zertifizierten Umweltmanagementsystems (z.B. nach ISO 14001)
O Vorlage Umweltpolitik
O Vorlage Umweltbericht
O Vorlage Umweltziele

O Konkrete umweltbezogene Kennzahlen: _____

c.) Wie groß schätzen Sie den Druck ein, der **zukünftig** von den verschiedenen Gruppen in Richtung Grüne Logistik ausgehen wird?
(Bewertung: 1 = sehr gering, 2 = gering, 3 = unentschieden, 4 = groß, 5 = sehr groß)

Verlader: _2_

Politik: _2_

Gesellschaft: _4_

2.4 Welche Maßnahmen führen Sie im Bereich der Grünen Logistik durch?

Maßnahmen	machen wir	in Vorbereitung	nicht geplant
Bündelung von Verkehren		✕	
IT-basierte Tourenplanung			✕
Modernisierung Fuhrpark		✕	
Modernisierung Gebäude			✕
Verkehrsträgerwechsel			✕
Nutzung des kombinierten Verkehrs	✕		
Fahrpersonalschulungen	✕		
Dezentralisierung von Logistikstrukturen			✕

2.5 Wie würden Sie den Entwicklungsstand Ihres Unternehmens bezüglich der Grünen Logistik einordnen?

O Wir sind weiter als der Branchendurchschnitt
🗶 Wir sind so weit wie der Branchendurchschnitt
O Wir sind nicht so weit wie der Branchendurchschnitt

Unternehmensbefragung zum Stand der Grünen Logistik in der deutschen Speditions- und Logistikbranche

Sehr geehrte Damen und Herren,

der vorliegende Fragebogen ist in drei Teile gegliedert. Bitte beantworten Sie die Fragen aus der Sicht Ihres Unternehmens bzw. Ihrer Niederlassung.

- Im **ersten Teil** des Fragebogens werden **Fragen zur Struktur des Unternehmens** gestellt.
- Im **zweiten Teil** geht es um Ihr **Verständnis der Grünen Logistik** und die damit zusammenhängenden **Anforderungen**.
- Der **dritte Teil** befasst sich mit **Umweltmanagementsystemen**.

1. Allgemeines

1.1 Bitte geben Sie die Rechtsform Ihres Unternehmens an.
O Einzelfirma
☒ GmbH
O GbR
O GmbH & Co. KG
O KG
O AG
O OHG
O _____

1.2 Über wie viele Niederlassungen verfügt Ihr Unternehmen in Deutschland?

Anzahl Niederlassungen ____1____

1.3 Wie viele Mitarbeiter sind in Ihrer Niederlassung und in Ihrem Unternehmen insgesamt beschäftigt?

Anzahl Mitarbeiter ___10 / 650___

1.4 Welche Verkehrsträger setzen Sie regelmäßig ein? (Mehrfachnennungen möglich)

O Straßengüterverkehr (Nahbereich)
☒ Straßengüterverkehr (Fernbereich)
O Bahnverkehr
O Binnenschifffahrt
O Luftfracht
☒ Seeschifffahrt

1.5 Für welche Verladerbranchen sind Sie hauptsächlich tätig? (Mehrfachnennungen möglich)

O Automotive-Industrie
O Chemische Industrie
O Lebensmittelindustrie
O Maschinenbau
O Elektronik/High-Tech
O Groß-/Außenhandel
O Einzelhandel
☒ sontige WINDENERGIE

1.6 In welchen Leistungsbereichen ist Ihr Unternehmen tätig und wo liegen Ihre Leistungsschwerpunkte? (Mehrfachnennungen möglich)

· TRANSPORT VON BLÄTTERN FÜR WINDENERGIEANLAGEN

1.7 Kombinierter Verkehr:

a.) Nutzen Sie den Kombinierten Verkehr „Straße/ Schiene"?

O JA
☒ NEIN

2.6 Stimmen Sie der folgenden Aussage zu? Spedition/Logistik und ökologisches Handeln sind grundsätzlich Gegensätze!

O stimme zu
☒ stimme nicht zu

3. Grüne Logistik und Umweltmanagement (-systeme)

3.1 Welche umweltbezogenen Normen sind Ihnen bekannt?

Normen	bekannt	unbekannt
ISO 14001	✗	
ISO 14031		✗
ISO 14040		✗
ISO 14064		✗
EMAS		✗
Sonstige:		

3.2 Setzen Sie Instrumente zur Ermittlung der Ergebnisse des Umweltmanagements ein?
(Mehrfachnennungen möglich)

☒ JA, und zwar   O NEIN

☒ Kennzahlen
O Statistiken
☒ Ökobilanz
O Stoffflussanalysen
O ökologische Buchhaltung

O Sonstige: _____

Vielen herzlichen Dank für die Zeit, welche Sie sich zur Beantwortung des Fragebogens genommen haben.

1.7 Kombinierter Verkehr:

a.) Nutzen Sie den Kombinierten Verkehr „Straße/ Schiene"?

O JA
O NEIN

b.) Nutzen Sie andere Formen des Kombinierten Verkehrs?

O JA, und zwar _____
O NEIN

1.8 Fahrzeugeinsatz:

a.) Wie viel eigene Fahrzeuge (> 3.5 t) setzen Sie in Ihrer Niederlassung ein? Geben Sie bitte, wenn möglich, auch die EURO-Klassen an.

Ca. _____ Fahrzeuge

EURO-Klassen _____

b.) Mit wie vielen Transportunternehmen arbeiten Sie regelmäßig in Ihrer Niederlassung zusammen?

Ca. _____ Transportunternehmen

1.9 Welche Relationen bedienen Sie hauptsächlich? (Mehrfachnennungen möglich)

O Deutschland
O Westeuropa
O Osteuropa
O Südeuropa
O Nordeuropa
O Nordamerika
O Südamerika
O Afrika
O Asien und Ozeanien

O Relationen von besonderer Bedeutung: _____

2. Grüne Logistik – Begriffsverständnis und Anforderungen

2.1 Begriffsverständnis Grüne Logistik

Im Folgenden schlagen wir Ihnen zwei Begriffsverständnisse von Grüner Logistik vor. Bitte geben Sie an, ob diese Definitionen Ihrem Begriffsverständnis von Grüner Logistik entsprechen.

a.) Grüne Logistik umfasst alle Maßnahmen zur Auslastungsoptimierung, Bündelung und Tourenoptimierung, um so Verkehr und verkehrsbedingte Emissionen zu reduzieren.

O stimme voll zu
O stimme eher zu
O stimme eher nicht zu
O lehne ab

b.) Grüne Logistik bezeichnet die bewusste Gestaltung umweltfreundlicher Logistikprodukte, die für die Kunden im Vergleich zu klassischen Logistikprodukten einen umweltrelevanten Mehrwert bieten.

O stimme voll zu
O stimme eher zu
O stimme eher nicht zu
O lehne ab

2.2 Wird Grüne Logistik in der von Ihnen verstandenen Form in Ihrem Unternehmen bereits betrieben?

O JA

O NEIN

Wenn „JA", was waren die wesentlichen Gründe für diese Entscheidung? (Mehrfachnennungen möglich)

O eigene Verantwortung zur Schonung der natürlichen Umwelt
O Kundenanforderungen
O gesetzliche Auflagen
O Verbesserung des Unternehmensimage
O Reduzierung von Kosten
O Aufbau einer günstigen Wettbewerbsposition für zukünftige Entwicklungen

O Sonstige: _____

Wenn „NEIN", worin liegen die Gründe dafür, dass hier noch keine Aktivitäten erfolgt sind?
(Mehrfachnennungen möglich)

O Wir wissen nicht, wo wir ansetzen können
O Bisher bestanden keine Anforderungen
O Fehlendes Personal
O Zu hohe Kosten
O Andere Themen gehen vor
O Thema betrifft uns nicht

O Sonstiges: _____

2.3 Anforderungen an Grüne Logistik

a.) Sind bereits konkrete Informationsanforderungen im Bereich Grüne Logistik durch die Verlader an Ihr Unternehmen gestellt worden?

O JA
O NEIN

Wenn „JA", was waren die Anforderungen? (Mehrfachnennungen möglich)

O Vorhandensein eines zertifizierten Umweltmanagementsystems (z.B. nach ISO 14001)
O Vorlage Umweltpolitik
O Vorlage Umweltbericht
O Vorlage Umweltziele

O Konkrete umweltbezogene Kennzahlen: _____

c.) Wie groß schätzen Sie den Druck ein, der zukünftig von den verschiedenen Gruppen in Richtung Grüne Logistik ausgehen wird?
(Bewertung: 1 = sehr gering, 2 = gering, 3 = unentschieden, 4 = groß, 5 = sehr groß)

Verlader: _____

Politik: _____

Gesellschaft: _____

2.4 Welche Maßnahmen führen Sie im Bereich der Grünen Logistik durch?

Maßnahmen	machen wir	in Vorbereitung	nicht geplant
Bündelung von Verkehren			
IT-basierte Tourenplanung			
Modernisierung Fuhrpark			
Modernisierung Gebäude			
Verkehrsträgerwechsel			
Nutzung des kombinierten Verkehrs			
Fahrpersonalschulungen			

2.5 Wie würden Sie den Entwicklungsstand Ihres Unternehmens bezüglich der Grünen Logistik einordnen?

O Wir sind weiter als der Branchendurchschnitt
O Wir sind so weit wie der Branchendurchschnitt
O Wir sind nicht so weit wie der Branchendurchschnitt

2.6 Stimmen Sie der folgenden Aussage zu? Spedition/Logistik und ökologisches Handeln sind grundsätzlich Gegensätze!

O stimme zu
O stimme nicht zu

Normen	bekannt	unbekannt
ISO 14001		
ISO 14031		
ISO 14040		
ISO 14064		
EMAS		
Sonstige:		

3. Grüne Logistik und Umweltmanagement (-systeme)

3.1 Welche umweltbezogenen Normen sind Ihnen bekannt?

3.2 Setzen Sie Instrumente zur Ermittlung der Ergebnisse des Umweltmanagements ein?
(Mehrfachnennungen möglich)

O JA, und zwar   **O NEIN**

O Kennzahlen
O Statistiken
O Ökobilanz
O Stoffflussanalysen
O ökologische Buchhaltung

O Sonstige: _____

Unternehmensbefragung zum Stand der Grünen Logistik in der deutschen Speditions- und Logistikbranche

Sehr geehrte Damen und Herren,

der vorliegende Fragebogen ist in drei Teile gegliedert. Bitte beantworten Sie die Fragen aus der Sicht Ihres Unternehmens bzw. Ihrer Niederlassung.

- Im **ersten Teil** des Fragebogens werden **Fragen zur Struktur des Unternehmens** gestellt.
- Im **zweiten Teil** geht es um Ihr **Verständnis der Grünen Logistik** und die damit zusammenhängenden **Anforderungen.**
- Der **dritte Teil** befasst sich mit **Umweltmanagementsystemen.**

1. **Allgemeines**

1.1 Bitte geben Sie die Rechtsform Ihres Unternehmens an.
- O Einzelfirma
- O GmbH
- O GbR
- O GmbH & Co. KG
- O KG
- O AG
- O OHG
- O _____

1.2 Über wie viele Niederlassungen verfügt Ihr Unternehmen in Deutschland?

Anzahl Niederlassungen _____

1.3 Wie viele Mitarbeiter sind in Ihrer Niederlassung und in Ihrem Unternehmen insgesamt beschäftigt?

Anzahl Mitarbeiter _____

1.4 Welche Verkehrsträger setzen Sie regelmäßig ein? (Mehrfachnennungen möglich)
- O Straßengüterverkehr (Nahbereich)
- O Straßengüterverkehr (Fernbereich)
- O Bahnverkehr
- O Binnenschifffahrt
- O Luftfracht
- O Seeschifffahrt

1.5 Für welche Verladerbranchen sind Sie hauptsächlich tätig? (Mehrfachnennungen möglich)
- O Automotive-Industrie
- O Chemische Industrie
- O Lebensmittelindustrie
- O Maschinenbau
- O Elektronik/High-Tech
- O Groß-/Außenhandel
- O Einzelhandel
- O sontige _____

1.6 In welchen Leistungsbereichen /-schwerpunkten ist Ihr Unternehmen tätig? (Mehrfachnennungen möglich)
- O Sammelgutverkehre
- O Paket- und Expressdienste
- O Teil- und Komplettpartien
- O Bulkladungen
- O Lagerhaltung
- O Umschlag
- O Zollabwicklung

- O Sonstiges _____

Vielen herzlichen Dank für die Zeit, welche Sie sich zur Beantwortung des Fragebogens genommen haben.

_Antwort-ID	IP-Adresse	Start	Datum und Zeit	Teilnahmestatus
2628023	79.254.31.205	23.04.2012 23:17	23.04.2012 23:34	teilgenommen und beendet
2756677	217.92.115.135	11.05.2012 18:02	11.05.2012 18:08	teilgenommen und beendet
2970656	85.22.20.223	23.05.2012 16:49	23.05.2012 16:56	teilgenommen und beendet

1. Bitte geben Sie die Rechtsform Ihres Unternehmens an.

Inc.

GmbH & Co. KG

Freiberufer

2. Über wie viele Niederlassungen verfügt Ihr Unternehmen in Deutschland?

	32
	2
	1

3. Wie viele Mitarbeiter sind in Ihrer Niederlassung und in Ihrem Unternehmen insgesamt beschäftigt?

	1400
	30
	3

4. Welche Verkehrsträger setzen Sie regelmäßig ein? (Mehrfachnennungen möglich)

Luftfracht

Binnenschifffahrt

Seeschifffahrt

5. Für welche Verladerbranchen sind Sie hauptsächlich tätig? (Mehrfachnennungen möglich)

Automotive-Industrie

Automotive-Industrie

Einzelhandel

6. In welchen Leistungsbereichen /-schwerpunkten ist Ihr Unternehmen tätig? (Mehrfachnennungen möglich)

Paket- und Expressdienste
Umschlag
Teil- und Komplettpartien

7. Nutzen Sie den Kombinierten Verkehr „Straße/ Schiene"?

Nein
Ja
Ja

8. Nutzen Sie andere Formen des Kombinierten Verkehrs?

Nein
Straße/Wasserstraße
Nein

9. Wie viel eigene Fahrzeuge (> 3,5 t) setzen Sie in Ihrer Niederlassung ein? Geben Sie bitte, wenn möglich, auch die EURO-Klassen an.	Ca. _____ Fahrzeuge

EURO-Klassen_____	Textfeld	**10. Mit wie vielen Transportunternehmen arbeiten Sie regelmäßig in Ihrer Niederlassung zusammen?**
	24 Sprinter	'3-5
	Keine	mehr als 10
	0	'3-5

11. Welche Relationen bedienen Sie hauptsächlich? (Mehrfachnennungen möglich)	Deutschland	Westeuropa	Osteuropa
	1	1	1
	1	1	1

Südeuropa	Nordeuropa	Nordamerika	Südamerika	Afrika	Asien und Ozeanien
1		1			1
1					1
					1

12. Grüne Logistik umfasst alle Maßnahmen zur Auslastungsoptimierung, Bündelung und Tourenoptimierung, um so Verkehr und verkehrsbedingte Emissionen zu reduzieren.

stimme voll zu
stimme voll zu
stimme voll zu

13. Grüne Logistik bezeichnet die bewusste Gestaltung umweltfreundlicher Logistikprodukte, die für die Kunden im Vergleich zu klassischen Logistikprodukten einen umweltrelevanten Mehrwert bieten.

stimme eher nicht zu
stimme voll zu
stimme eher zu

14. Wird Grüne Logistik in der von Ihnen verstandenen Form in Ihrem Unternehmen bereits betrieben?

ja
ja
ja

15. Wenn „JA", was waren die wesentlichen Gründe für diese Entscheidung? (Mehrfachnennungen möglich)

eigene Verantwortung zur Schonung der natürlichen Umwelt	Kundenanforderungen	gesetzliche Auflagen
1		1
1	1	

Aufbau einer günstigen Wettbewerbsposition für zukünftige Entwicklungen	Textfeld

Verbesserung des Unternehmensimage	Reduzierung von Kosten
1	1
	1
	1

16. Wenn „NEIN", worin liegen die Gründe dafür, dass hier noch keine Aktivitäten erfolgt sind? (Mehrfachnennungen möglich)	Wir wissen nicht, wo wir ansetzen können

Bisher bestanden keine Anforderungen	Fehlendes Personal	Zu hohe Kosten	Andere Themen gehen vor
1			

Thema betrifft uns nicht	Textfeld	17. Sind bereits konkrete Informationsanforderungen im Bereich Grüne Logistik durch die Verlader an Ihr Unternehmen gestellt worden?
1		nein
		nein
	habe ja	nein

18. Wenn „JA", was waren die Anforderungen? (Mehrfachnennungen möglich)

Vorhandensein eines zertifizierten Umweltmanagementsystems (z.B. nach ISO 14001)	Vorlage Umweltpolitik	Vorlage Umweltbericht

Vorlage Umweltziele	Konkrete umweltbezogene Kennzahlen	Textfeld
		1
1		
		nein angekreuzt

20. Welche Maßnahmen führen Sie im Bereich der Grünen Logistik durch?	Bündelung von Verkehren	machen wir
		1
		1
		1

19. Wie groß schätzen Sie den Druck ein, der zukünftig von den verschiedenen Gruppen in Richtung Grüne Logistik ausgehen wird?	Verlader	Politik	Gesellschaft
	2	4	3
	4	5	4
	3	5	5

in Vorbereitung	nicht geplant	4. Spalte	5. Spalte	IT-basierte Tourenplanung	machen wir
					1
					1

in Vorbereitung	nicht geplant	4. Spalte	5. Spalte	Modernisierung Fuhrpark	machen wir	in Vorbereitung
					1	
						1
			1			

nicht geplant	4. Spalte	5. Spalte	Modernisierung Gebäude	machen wir	in Vorbereitung	nicht geplant
						1
					1	
		1				

4. Spalte	5. Spalte	Verkehrsträgerwechsel	machen wir	in Vorbereitung	nicht geplant	4. Spalte	5. Spalte
					1		
			1				
	1		1				

Nutzung des kombinierten Verkehrs	machen wir	in Vorbereitung	nicht geplant	4. Spalte	5. Spalte
			1		
	1				
	1				

Fahrpersonalschulungen	machen wir	in Vorbereitung	nicht geplant	4. Spalte	5. Spalte
	1				
			1		
	1				

Dezentralisierung von Logistikstrukturen	machen wir	in Vorbereitung	nicht geplant	4. Spalte	5. Spalte
				1	
			1		
		1			

21. Wie würden Sie den Entwicklungsstand Ihres Unternehmens bezüglich der Grünen Logistik einordnen?

Wir sind weiter als der Branchendurchschnitt
Wir sind weiter als der Branchendurchschnitt
Wir sind so weit wie der Branchendurchschnitt

22. Stimmen Sie der folgenden Aussage zu? Spedition/Logistik und ökologisches Handeln sind grundsätzlich Gegensätze!

ja
nein
nein

23. Welche umweltbezogenen Normen sind Ihnen bekannt?	ISO 14001	ISO 14031	ISO 14040	ISO 14064
	2	2	2	2
	1	2	2	2
	1	2	1	2

EMAS	Sonstige:	24. Setzen Sie Instrumente zur Ermittlung der Ergebnisse des Umweltmanagements ein?	25. Wenn Ja, welche?
2	2	nein	
2	2	nein	
2	2	nein	

Kennzahlen	Statistiken	Ökobilanz	Stoffflußanalysen	ökologische Buchhaltung	Textfeld
		1			
		1			
	1				

Percy Michalak

Ökologische Logistik

Analyse von Wirkungszusammenhängen und Konzeption von ökologischen Wettbewerbs- und Logistikstrategien

Percy Michalak
Ökologische Logistik

Analyse von Wirkungs-
zusammenhängen und Konzeption
von ökologischen Wettbewerbs- und
Logistikstrategien

Diplomica 2009 / 120 Seiten /
49,50 Euro

ISBN 978-3-8366-7726-4
EAN 9783836677264

Reihe Nachhaltigkeit
Band 26

Diplomica Verlag

In den vergangenen Jahren sind verstärkt umweltpolitische Themen in den Fokus der Gesellschaft und der Unternehmen gerückt. Die öffentliche Meinung fordert zunehmend umweltfreundliche Produkte, nachhaltige Lösungsansätze und somit ökologisch orientierte Unternehmen.

Percy Michalak entwickelt die Theorie, dass sich ein verantwortungsvolles, unternehmerisches Handeln gegenüber der Umwelt aus der ökologischen Betroffenheit von Unternehmen ergibt. Weiterhin vermittelt das Buch die strategische Relevanz einer ökologischen Logistik zur Generierung von Wettbewerbsvorteilen. Ökologische Unternehmens- und Logistikstrategien werden aufgestellt, diskutiert und Handlungsempfehlungen ausgesprochen.

Das Buch gibt anschaulich und detailliert Antworten auf die Frage: Kann eine nachhaltige Unternehmensstrategie, verbunden mit einer ökologischen Logistik, zu ökonomischem Erfolg führen?
Es richtet sich daher sowohl an Studenten als auch an Fach- und Führungskräfte der Logistik, des strategischen Managements und an Nachhaltigkeit und Umweltbewusstsein interessierte Leser.

Simone Stöhr

Anforderungen an eine moderne,
zukunftsfähige Stadtentwässerung

Entscheidungshilfe für die
kommunale Praxis

Diplomica 2012 / 140 Seiten /
39,50 Euro

ISBN 978-3-8428-8153-2
EAN 9783842881532

Simone Stöhr

**Anforderungen an eine moderne,
zukunftsfähige Stadtentwässerung**

Entscheidungshilfe für die kommunale Praxis

Reihe Nachhaltigkeit
Band 50

In den vergangenen Jahren ist der Stellenwert kommunaler Klimaschutzpolitik in Deutschland deutlich angestiegen. Neben medialer Berichterstattung bezüglich der zu befürchtenden weltweit möglichen Folgen des Klimawandels sowie der Darstellung des zähen Ringens der Nationen zur Vereinbarung von Klimaschutzzielen stellen Bürger zwischenzeitlich bereits direkt vor ihrer Haustür fest, dass sich die klimatischen Gegebenheiten in ihrer Stadt verändert haben. An dieser Stelle kommt die Frage auf, ob neben den Gefahren durch Starkregen der Abwassertransport über das Kanalnetz nicht auch möglicherweise Potenziale zum nachhaltigen Klimaschutz bietet. Zur Abrundung der Untersuchung werden diese Überlegungen zur Gestaltung einer modernen Stadtentwässerung um eine weitere technische und gesellschaftliche Herausforderung des 21. Jahrhunderts · den demografischen und strukturellen Wandel · erweitert. Dieses gebündelte Vorgehen scheint sinnvoll, da sowohl kurzzeitig auftretende Starkregenereignisse als auch ein kontinuierlicher Rückgang des privaten und gewerblichen Wasserverbrauchs die Betriebssicherheit einer Entwässerungsanlage gefährden und im Extremfall zu wirtschaftlichen Schäden am öffentlichen und privaten Eigentum führen.

Die Ausarbeitung erfolgt neben der Betrachtung bestehender länderspezifischer Governancestrukturen unter Aspekten der kommunalen Daseinsvorsorge und der damit von kommunaler Seite einzuhaltenden Erfordernissen des Umwelt-, Haushalts- und Gebührenrechts. Die Analyse bewertet die Potenziale des kommunalen Tuns hinsichtlich der Umsetzung nachhaltig wirksamer Investitionen zum Schutz der Bürger und der Umwelt.

Eva-Maria Straub

Die Herkunft von Lebensmitteln
im Tourismus

Bio- und regionale Produkte als Erfolgsfaktor
für Leistungsträger im Tourismus

Eva-Maria Straub

Die Herkunft von Lebensmitteln im Tourismus

Bio- und regionale Produkte als
Erfolgsfaktor für Leistungsträger im
Tourismus

Diplomica 2012 / 148 Seiten /
49,50 Euro

ISBN 978-3-8428-8308-6
EAN 9783842883086

Reihe Nachhaltigkeit
Band 51

Bio boomt! Vor allem die Häufung von Lebensmittelskandalen bei konventionellen Lebensmitteln veranlasst immer mehr Verbraucher zum Kauf von Bio-Produkten. Diese sind durch die immer stärker wachsende Nachfrage inzwischen überall erhältlich, wobei sie größtenteils aus dem Ausland importiert werden. Bio-Produkte sind heute im normalen Supermarkt, Discounter oder sogar an besser sortierten Tankstellen zu finden. Dies führt jedoch dazu, dass Bio-Produkte immer mehr in Frage gestellt werden. Denn wenn sie wie konventionelle Lebensmittel zusehends häufiger in Fließbandproduktionen erzeugt werden und nicht mehr aus der Region, sondern aus aller Welt kommen, verliert sich der Nachhaltigkeitsaspekt. In Folge dessen entwickelt sich der neue Trend hin zur Regionalität und Saisonalität.

So gibt es seit 2009 die sogenannte Genuss-Region Österreich. Diese informiert sowohl Touristen als auch Konsumenten über die spezifischen, kulinarischen Angebote der einzelnen Regionen. Neben Destinationen erkennen auch immer mehr Gastronomen und Hoteliers den Trend und bieten den Reisenden häufiger authentische und ökologisch nachhaltige Lebensmittel. Denn besonders im Tourismus und der Regionalentwicklung eignen sich regionale Produkte sehr gut als Attraktor und im Zuge der Globalisierung auch als Differenzierungsmerkmal im Wettbewerb mit anderen Regionen.

Dieses Buch nimmt sich der Thematik der Bio- und regionalen Produkte an. Mit Hilfe einer empirischen Erhebung in Form einer Befragung zeigt es auf, ob und inwiefern die Faktoren Bio, Regionalität und Nachhaltigkeit sowohl für Leistungsträger als auch für Urlauber und Gäste wichtig sind.

Alexander Liebram

Einfluss des Klimawandels auf das Gebäudeverhalten

Eine energetische und ökonomische Betrachtung

Diplomica 2012 / 140 Seiten / 49,50 Euro

ISBN 978-3-8428-8360-4
EAN 9783842883604

Alexander Liebram

Einfluss des Klimawandels auf das Gebäudeverhalten

Eine energetische und ökonomische Betrachtung

Reihe Nachhaltigkeit
Band 52

Die meiste Zeit seines Lebens verbringt der Mensch in Innenräumen. Das Raumklima beeinflusst dabei sowohl das Behaglichkeitsempfinden als auch die körperliche und geistige Leistungsfähigkeit. Der Klimawandel verändert unsere Umwelt durch steigende Monatsmitteltemperaturen und Strahlungswerte.

Die vorliegende Studie verfolgt das Ziel, den Einfluss des Klimawandels auf das thermische Gebäudeverhalten zu erfassen und zu quantifizieren. Die Bewertung erfolgt auf Basis einer Simulation, welche Stundenwerte generiert. Es wird die Entwicklung der Innenraumtemperaturen auf Basis der aktuellen und zukünftigen Klimadatensätze des Deutschen Wetterdienstes dargestellt. Dabei werden der bauliche Standard des Gebäudes sowie der Typ des Sonnenschutzes und dessen Steuerung variiert. Des Weiteren werden verschiedene Fensterflächen betrachtet und unterschiedliche Gebäudestandorte der Simulation zugrunde gelegt.

Außerdem werden die Wirtschaftlichkeit von Sanierungsmaßnahmen im Hinblick auf das aktuelle und das zukünftige Klima analysiert.

Den Abschluss der Studie bildet ein Vergleich der Ergebnisse der Simulationssoftware mit einer Bilanzsoftware, welche anstelle von Stundenwerten Monatswerte ermittelt.